JN068898

ストレングス・トーク

StrengthTalk

行動の問題をもつ子どもを
支え・育てる

井上祐紀
Yuki INOUE

日本評論社

はじめに

　この本は、子どもの支援や子育てに日々奮闘しておられるすべての大人たちのために書きました。支援の必要な子どもの親、教師、地域の支援者、心理職、医師、看護師、ソーシャルワーカー等、ありとあらゆる職種の大人たちが、子どもたちとご自身の"隠れた強み"に気づきながら息の長い支援や子育てに取り組んでいくためのバイブルになればと思っています。

　子育てや医療においては、子どもと大人は個別的な環境で関わることが多いでしょう。一方、教師や施設の職員の方、放課後等デイサービスや学童保育、幼稚園・保育園などにお勤めの方は、子どもの集団を扱いながら支援することが多いでしょう。子どもの集団を扱いながら、その中にいる支援を要する子どもに関わるというのは、本当に大変な仕事です。たくさんの子どもたちの学びと安全を両立させていくわけですから、日々の業務のご苦労たるや大変なものがあるとお察しします。

　学校、病棟、施設などで出会う子どもたちの支援には、最低限度の限界設定（人には危害を加えない、物を意図的に壊さない等）と、子どもたちが安全感を感じられる場作りが重要です。これは、大人たちによって「与えられる環境」と言うよりは、子どもたち自身の手で作り上げ、守っていく部分が大きいのだと考えています。言わば、子どもと大人の「合作」としての場作りを進めていく必要があるでしょう。その原動力となるのが、一人ひとりの子どもがもっている"隠れた強み"なのです。

　本書を読むと、"隠れた強み"の見つけ方、活かし方が学べます。私が提唱するストレングス・トークは、そのための手順と枠組みを紹介します。読者の皆さんが本書を読んで子どもたちとご自身の"隠れた強み"に気づいてくださればうれしいです。

　本書では、なるべく平易にストレングス・トークについて解説するために、具体例として子どもと大人のやりとりや事例をたくさん掲載しました。これらはすべて、実際のケースとの対話経験をもとに私が新たに創作した会話例や仮想事例ですので、個人情報は一切含まれていないことを申し添えます。

井上祐紀

目次

はじめに ……… 1

第1章
【解説編】
ストレングス・トークって何だろう？ ……… 7

| 1-1 | なぜ支援は行きづらいのか ……… 8
| 1-2 | 医学モデルとストレングスモデル ……… 10
| 1-3 | 新しいストレングスの着想 ……… 12
| 1-4 | ストレングス・トークって何？ ……… 17
| 1-5 | "隠れた強み"の見つけ方の基本 ……… 20

第2章
【実践編I】
幼児期 ── まずは一緒に楽しく遊べるようになろう ……… 25

| 2-1 | 幼児期の子どもとその家族との出会い ……… 26
| 2-2 | ありがちな関わりと懸念 ……… 26
| 2-3 | 幼児期の子どもの"隠れた強み" ……… 29
　　隠れた強み① 本人への良い影響 ……… 29
　　隠れた強み② 周囲への良い影響 ……… 32
　　隠れた強み③ ねがいごと ……… 36
　　隠れた強み④ 不器用な対処 ……… 38
| 2-4 | ストレングス・トークのコミュニケーションへの応用
　　── 遊びスキル ……… 41
　　① 子どもの行動に効果音をつける ……… 42
　　② 子どもの行動をまねる ……… 44
　　③ 子どもの感情を言葉にする ……… 45
　　④ 大人の感情を言葉にする ……… 46
　　⑤ 環境への良い影響を言葉にする ……… 47
| 2-5 | 事例：かんしゃくの多いE君（4歳男子）……… 48

第3章

【実践編Ⅱ】
学童期 —— 安全・楽しみ・快適さを保証する ……… 51

| 3-1 | 学童期の子どもとその家族との出会い ……… 52
| 3-2 | ありがちな関わりと懸念 ……… 53
| 3-3 | 学童期の子どもの"隠れた強み" ……… 54

隠れた強み① 本人への良い影響 ……… 54
隠れた強み② 周囲への良い影響 ……… 59
隠れた強み③ ねがいごと ……… 63
隠れた強み④ 不器用な対処 ……… 64

| 3-4 | ストレングス・トークのコミュニケーションへの応用
—— デフォルトの自分を確かめる ……… 67

① デフォルトの自分を構成する
「根拠のない自信」と「ささやかな満足」 ……… 67
② デフォルトのねがいごと ……… 71

| 3-5 | 事例：登校をしぶるⅠさん（7歳女子）……… 74

第4章

【実践編Ⅲ】
思春期 —— 大人の価値判断をいったん脇に置いて ……… 79

| 4-1 | 思春期の子どもとその家族との出会い ……… 80
| 4-2 | ありがちな関わりと懸念 ……… 81
| 4-3 | 思春期の子どもの"隠れた強み" ……… 85

隠れた強み① 本人への良い影響 ……… 85
隠れた強み② 周囲への良い影響 ……… 87
隠れた強み③ ねがいごと ……… 87
隠れた強み④ 不器用な対処 ……… 90

| 4-4 | ストレングス・トークのコミュニケーションへの応用
—— 外在化スキル ……… 93

① デフォルトの自分の感情・思考・身体反応を同定する ……… 94
② さまざまなリラクゼーション法を見つける ……… 97
③ 「感情モンスター」を捕まえよう ……… 98
④ 「思考モンスター」を捕まえよう ……… 99
⑤ 「思考スキル」を身につけよう ……… 102

| 4-5 | 事例：万引きを繰り返してしまうL君（13歳男子）……… 103

第5章

【実践編Ⅳ】
親・支援者 —— 強みを見つけるのが難しいと感じたら ……… 107

| 5-1 | 子どもの強みを見つけるのが難しいと感じたら ……… 108

要因① 大人自身の健康状態に懸念がある場合 ……… 108
要因② 大人自身の生活の中で
時間的ゆとりが奪われている場合 ……… 110
要因③ 大人自身への"期待のスポットライト"が
邪魔をする場合 ……… 110

| 5-2 | 大人の"隠れた強み" ……… 113

隠れた強み① 本人への良い影響 ……… 113
隠れた強み② 周囲への良い影響 ……… 114
隠れた強み③ ねがいごと ……… 115
隠れた強み④ 不器用な対処 ……… 115

第6章

【事例編】
実際にストレングス・トークを 始めてみよう ……… 119

| 6-1 | シングルファーザーのMさんと4歳のN君 ……… 120
| 6-2 | 初診の日の朝 ……… 121
| 6-3 | 初診 ……… 122
| 6-4 | 第2回診察 ……… 131
| 6-5 | 第3回診察 ……… 133
| 6-6 | 第4回診察 ……… 136

第7章
"隠れた強み"を見つけるための 紙上ワークショップ ……… 141

| 7-1 | アイスブレーキング ……… 142
| 7-2 | グループ対抗「自分の"隠れた強み"発見ワーク」……… 143
| 7-3 | グループ内ワーク①
「隣の人の"隠れた強み"発見ワーク」……… 145
| 7-4 | グループ内ワーク②
「仮想ケースを用いた"隠れた強み"発見ワーク」……… 147
| 7-5 | 宿題ワーク
「実例ケースの"隠れた強み"を
ストレングス・ノートに記録する」……… 148
| 7-6 | ケース検討「ストレングス・トークセッション」……… 150
　　　ストレングス・トークセッション① 情報ラウンド ……… 151
　　　ストレングス・トークセッション② 強みラウンド ……… 152
　　　ストレングス・トークセッション③ 解決ラウンド ……… 152

引用文献 ········· 154

おわりに ········· 156

第1章

【解説編】

ストレングス・トークって何だろう?

StrengthTalk

1-1 なぜ支援は行きづまるのか

　私は精神科医として、子どもと大人の精神障害・発達障害をもつ当事者の治療・支援に従事することを仕事としてきました。私は自分が高校生の頃からさまざまな生きづらさを抱える人々に関心を寄せるようになり、とにかくそのような人々の何らかの役に立てる人間になりたくて、医学教育を受けることを選びました。

　ところが、医師免許を取り、いざこの仕事を始めてみると、想像以上に難しい仕事であることに気がつくまでに、たいして時間はかかりませんでした。標準的な治療ガイドラインに則って基本的な治療薬を選択し、心理職やソーシャルワーカーらの支援を受けてもなお、問題を解決できないケースがあまりにも多いという現実を目の当たりにし、医師になったばかりの頃の私は、自分に押し寄せてくる無力感に悩むことが多かったように思います。

　これは精神科医のみならず、ハードな現場で勤務している対人援助職ならば、どんな方でも多かれ少なかれ経験する可能性がある"支援の行きづまり状態"と言えるのではないでしょうか。精神障害の症状を改善できるというエビデンスのある薬物療法や心理社会的支援も、すべての人々に恩恵をもたらしてくれるわけではありません。また、精神科医や対人援助職が目指す解決の方向性が、当事者の想うそれとはまったく相容れないものであることも少なくありません（プロフェッショナルとして支援を行う側の立てる問題解決自体が柔軟性に欠け、当事者のニードをおざなりにしやすいということもまた事実なのですが）。この仕事は、そう簡単に精神科医や対人援助職が思うようには運ばないものなのでしょう。

　私は、こうした支援の行きづまり状態をきたしている時の支援者は、以下の3つの特徴をもつと考えています。

■ "支援の行きづまり状態"にある支援者の特徴

> ① 解決手段が枯渇し、支援を展開するための良いアイデアが浮かばない
> ② 支援の対象者とのコミュニケーションがギクシャクしやすい
> ③ 支援者自身が弱ってしまい、健康状態を崩しやすくなっている

　私自身がこの状態をしばしば経験してきましたし、この3つがそろってしまった時には必ず周囲の支援者間でのサポートが必要であると痛感しています。この

状態を放置すると、支援がうまく進まないだけでなく、支援者—当事者の間の関係性を破壊してしまうリスクが高まるでしょう。さらには、支援者自身の健康を損なう可能性が生じるため、この状態は一刻も早く打破する必要があるのです。

　では、なぜこうした支援の行きづまり状態は生じてしまうのでしょうか。私は経験的に以下のポイントが重要であろうと考えています。

■ "支援の行きづまり状態"をきたす要因

> ① 当事者のネガティブな特性・症状にばかり支援者が意識を向けてしまいがち
> ② 当事者の意向が軽視されがち
> ③ 支援者が問題を抱え込み、孤立している

　いずれも私の経験からまとめたものですが、支援者が当事者の困難さにばかり注目し、当事者の願いを軽視し、支援者自身が孤立傾向をもつ場合に、当事者と支援者の両方に深刻な結果をもたらす可能性が高まることは、多くの対人援助職の読者の皆さんにも容易に想像できるのではないでしょうか。

　とくに精神医療の世界では、当事者（患者）の中にのみ問題を見出し、その改善を目指す活動が治療であり支援であるとする文脈が力をもっています。それは、患者の症状を改善することで生活の質の改善を図ろうという医学的な価値観によって裏づけされているのです。もちろん、狭義の医学的治療により軽減可能な症状があることは事実ですし、そうした医学の進歩の恩恵を受けることができている患者さんたちはたくさんおられます。しかし、たとえ医学的治療によって症状の改善が認められたとしても、長期にわたって精神症状がくすぶり続け、生活機能が低下し続けることは少なくなく、さまざまなストレスを契機に症状が再発することがしばしば認められます。こうした現状を考えると、慢性の経過をたどる精神障害・発達障害等をもつ当事者の方々を支援する際には、既存の医学的な価値観よりもさらに広い視点から当事者とその環境をアセスメントすることが求められているのだと思います。

　本書では、困難な問題を抱えているケースの支援を少しでも安全に円滑に進めていくための工夫を伝えていきます。

1-2 | 医学モデルとストレングスモデル

　患者の全身を診察・検索し、有用な検査を用いれば、さまざまな身体疾患・精神障害（発達障害含む）を診断することができ、医学的治療によって症状や生活の質が改善できる——とする健康モデルのことを医学モデル（medical model）と呼んでいます。医学モデルでは、問題は基本的に患者の中にあると考えられているので、患者が体験する生活のしにくさ（生きづらさ）はこの患者の中にある疾患・障害から直接生じるものとされており、医療における治療が最も重要と考えられています。この医学モデルは、さまざまな身体疾患の急性期の治療においてはまったく違和感なく受け入れられていると思うのですが、精神障害や発達障害など慢性に経過するものについては、医学モデルのみで対処するのは非常に困難な部分があるでしょう。有効な薬物療法のエビデンスが豊富な精神障害の治療においても、薬物療法のみで完全に症状をただちに取り去ることは難しく、発達障害（とくに自閉スペクトラム症）については中核的症状に対して有効な薬物療法は現時点では確立されていません。

　医学モデルの中でエビデンスのある標準的な治療法を一通り試してもなお、さまざまな精神症状や行動の問題が改善しない場合、医師を含め支援者の多くは行きづまりを感じます。生きづらさは当事者（患者）の中にある疾患・障害から直接生じると考える医学モデルでは、エビデンスに基づいた治療を提供することは何よりも重要なことですが、ひとたびその患者にはその恩恵がもたらされないとわかった時に一気に行きづまりを迎えてしまうのです。現在問題になっている向精神薬の多剤併用処方や、精神科病棟における行動制限には、こうした行きづまりが関連しているのではないでしょうか。

　医学モデルだけで支援を進めていくことが行きづまりを迎えたケースに、"新しい治療法"を提案するビジネスが口を開いて待っている場合があることも忘れてはいけません。国内外の公的機関によって有効性と安全性が正当な手続きに則って確かめられていない"新しい治療法"がインターネットを介して紹介され、当事者（患者）から高額の費用を得ているケースがあると聞きます。標準的治療でない選択肢を選んでしまう背景には、当事者（患者）の行きづまりがあるはずです。標準的治療を提供する医療従事者は、標準的でない選択肢に当事者（患者）が向かおうとしているのに気がついたら、それを否定するだけではなく、当事者（患者）が感じている行きづまりについても関心を寄せ、受け止める必要があるでしょう。そして、それは既存の医学モデルに加えて新たな支援モデルを提示する

契機になるかもしれません。

　ここで、アメリカの精神医療が脱施設化を進めるプロセスの中で生み出された支援モデルを紹介します。チャールズ・A・ラップ教授の提唱するストレングスモデルです。ストレングスモデルでは、「性質／性格」「才能／技能」「興味／願望」「環境のストレングス」の4つを重要なストレングスとして分類し、当事者のネガティブな側面ではなく、当事者の可能性、自主性、健康さなどのポジティブな要素（ストレングス）に着目しようと提案しています（ストレングスを日本語で表現することには若干慎重になるべきなのですが、「強み・力」などと訳される場合が多いかもしれません）。ストレングスモデルで最も望まれる成果は、当事者が「自分自身で設定した目標を達成することである」としています。このようなモデルが提示される以前の従来型の医療・福祉の実践では、当事者の管理や保護がサービスの中心に据えられており、当事者にとって何が最良かを知っているのは専門家・支援者であると考えられがちであることと好対照だと思います。疾患や障害に焦点化するのでなく、当事者自身の願望や目標を引き出し、その達成を手助けするという姿勢に私は完全に共感しましたし、ストレングスモデルは私の臨床に大きな影響を与えてくれました。

　従来型の精神科入院治療やデイケア、本人にとって退屈な保護的就労などを中心とした生活の場の可能性は閉ざされており、セルフケアや個人の選択の機会が著しく少ない状況に当事者が置かれているとラップ教授は指摘しています。ストレングスモデルでは、ストレングスアセスメントにより抽出されたストレングスをもとに、可能性溢れる生活の場を創造し、そうした生活の場を基盤としながら当事者の生活の質を変化させ、目標を達成することを支援し、当事者自身をエンパワメントすることを目指しているわけです。

　これまでの研究によると、ストレングスモデルによるケースマネジメントを受けている当事者は、精神科病院への入院や救急外来の受診が少なく[2]、日常生活能力が高く[3]、心身の全体的な健康が保たれていたと報告されています[3]。また、有用な余暇時間の使い方ができており[4]、家族の心理的負担も少ないという報告があります[3]。さらに、包括型地域生活支援（Assertive Community Treatment：ACT）とストレングスモデルのケースマネジメントの2年間にわたる追跡調査では、両方とも精神科入院を減らし、地域で生活できる期間を延ばしていましたし、精神・行動症状についてはストレングスモデルのほうがさらに良好な状態だったと報告しています[5]。

　このように、ストレングスモデルは精神障害の地域リハビリテーションの有力な支援モデルとして確立されていることがわかります。

1-3 新しいストレングスの着想

　チャールズ・A・ラップ教授の提唱するストレングスモデルにおいて「性質／性格」「才能／技能」「興味／願望」「環境のストレングス」の４つを重要なストレングスとしてとらえることはとても画期的でした。当事者のできないこと／苦手なことから、できること／得意なことへ関心を寄せ、当事者の困難な症状からポジティブな特性に注目をしながら支援を組み立てることで、どれだけ視野が広がり選択肢が増えるか、ストレングスモデルの効果は本当に大きいと思います。私自身このストレングスモデルに出会って、とても勇気づけられました。

　一方、私はこのストレングスモデルについて、まだ完全には満足できないでいました。

　それはストレングスモデルで着目されている要素である「性質／性格」が当事者自身の気づきに基づくというよりは、支援者が気づいて " 名づける " という性質が強く、支援者によって当事者のストレングスが " ラベリング " されることになりはしないかと、少し神経質な気持ちになっていました。どんなに素敵な言葉で彩られたストレングスも、当事者自身の言葉で表現されたストレングスには叶いません。支援者によるやや抽象的な概念として表現されたストレングスを、当事者自身がみずからの体験をもとにみずからの言葉で表現できるストレングスとして気づき直すことで、ストレングスがより生き生きとした記憶も含めて当事者と支援者の間にシェアされるのではないでしょうか。

■ 支援者からみたストレングスと、当事者の言葉で表現されるストレングス

> 【ストレングスを発見した事実】
>
> ひきこもりぎみの A さんが、町内清掃の日に家の前の落ち葉を集めている。近所の人たちがゴミ袋をもって一軒一軒のお宅のゴミを集める際、A さんに声をかけて協力して落ち葉をゴミ袋の中に入れようとしている。
>
> 【支援者からみた性質／性格としてのストレングス】
>
> A さんはとても実直な方なので、服薬を再開してからは地域の活動に協力してくれるようになった。近所の方とも挨拶を交わすなど礼儀正しい。

【当事者がみずからの言葉で表現したストレングス】

普段はおっくうな掃除も、決まりがあると外に出てやってみる気になれる。落ち葉をきれいに片づけてスッキリした。近所の人が笑って話しかけてくれる。「ありがとうございます」と言われて、うれしい気持ちになる。

　上記にまとめたように、ストレングスを見つけるきっかけが同じでも、見つかるストレングスの性質がずいぶんと違うことに気がつきます。「実直」「礼儀正しい」という支援者目線で見つかる「性質／性格」はどうしても抽象的になりやすく、それをそのまま当事者にフィードバックしても、当事者のこころに残り、生活の助けになるかどうかは未知数です。一方、当事者自身の言葉で見つけたストレングスは、当事者の体験に根差した事実に気づくようにして発見しているため、当事者自身が理解しやすく思い出しやすいという特性があります。ポジティブな感覚・感情などとセットでこころに残しておきやすく、その後の生活においても繰り返し想起してさまざまな生活動作の動機づけに使うことができそうです（例：「町内清掃で近所の人と少し話ができてうれしかったから、来週の町内清掃も参加してみよう」）。

　私はストレングスモデルが「才能／技能」を重要なストレングスとしてとらえていることについて懸念をもっていました。精神障害の地域リハビリテーションにおいて生み出されたストレングスモデルが成人期の当事者を対象に発展してきたことを考えると、「才能／技能」をストレングスとして見つけることが支援に活かしやすかったのかもしれないと推察します。それに、「才能／技能」をもつことが当事者の生活を支えるうえで有益であることはどんな方も疑わないでしょう。これには私も賛同しています。しかし、私が子どもたちの精神障害・発達障害（知的障害を含む）の地域サポートに従事し、知的能力・社会的コミュニケーション能力・学習能力・実行機能・運動機能などの発達が大きく遅れているケースを支援してきた経験から、「才能／技能」をストレングスとして探せば探すほど「あれも、これもできない……」という無力感を際立たせてしまう懸念がどうしても払拭できませんでした。そこで、子どもたちとその家族や、重度の心身の障害をもつ青年期・成人期の当事者とその家族のケースにおいても、自由にストレングスを探すことができるような枠組みを作りたいと思うようになりました。より幅広い年齢層・障害の種類の当事者を支援するためには、能力主義から距離を置く

必要があると考えたのです。

　私がストレングスという単語を日本語に訳す時にどうしても気になってきたのが「強み・力」という言葉です。「強」「力」という漢字がもたらすイメージが"ストレングスは能力である"という視点を強化してしまうのではないかと心配してきました。そして、そもそもこの支援モデルで探そうとしているストレングスは何を究極の目的としているのか？　という問いにも答える必要がありました。「強み」はその当事者が生きている場で求められていることが何なのかによって、ガラリと変わってしまうからです。納税者として生活できるために就労が可能になること、自立した生活のために身の回りのことが一人でできるようになること、行動の問題を起こさぬよう安定した過ごし方ができること……など、支援の究極の目標が異なると認識されるストレングスの内容も変化するわけです。

　下記にまとめたストレングスをあらためて眺めてみますと、支援の「究極の目標」がより高度に社会化されたものになればなるほど、ストレングスとして認識される項目がより"能力的"なものになっていきます（個人的にはなんとも息苦しい気分になります）。しかも、その時点での究極の目標よりも下の行にある項目はストレングスとして認識されにくいのではないでしょうか。もはやそれらは「できて当たり前」として支援者の目に留まりにくいかもしれません。この現象のことを、私は"**期待のスポットライト**"と呼んでいます。

■ 支援の「究極の目標」と認識されるストレングス

支援の"究極の目標"	ストレングスとして認識されるもの
就労して納税者として生活する	・一定以上の学力 ・一定以上のコミュニケーション能力 ・一定以上の作業能力
身の回りの生活動作を一人で行う	・ルーチン化された家事を行う ・お金を管理できる ・危険や困難を感じた時に援助を求める
行動の問題をきたさずに穏やかに過ごす	・安定した睡眠リズムを形成する ・楽しめる余暇活動がある ・健康維持に必要な食事摂取ができる

　支援者 (そして家族) はその究極の目標の達成に必要な " 期待のスポットライト "
でもって当事者本人を照らしていると言えるでしょう。ハイレベルな中学校への
入学を親が究極の目標とひとたび設定すると、一定以上の学力はストレングスと
して認識されますが、子どもにとって楽しめる余暇活動があるかどうかはもはや
" 期待のスポットライト " の外に出てしまうため、見えなくなってしまうのと同
じです。これは当事者のストレングスを見つけるうえで最大の障害となりうるの
で、注意が必要です。「この人は褒めるところがない」「この人のストレングスが
見つけられない」と思ったら、当事者にどのような " 期待のスポットライト " が
照らされているかを振り返ってみるのがよいと思います。

　さらに、私は「当事者の特性や能力の違いに寄らず、支援の究極の目標は同じ
だ」という信念をもっています。支援の究極の目標が同じならば、ストレングス
を見つけるための枠組みをよりシンプルなものにでき、すべての当事者について
同じ枠組みでストレングスを探すことができるのではないか？　とも考えました。
特性や能力が異なる当事者に対して同じ枠組みでもってストレングスを見立てる
ことができるのならば、医療従事者だけでなく、教育・福祉の現場の支援者の方々
や当事者の家族、そして何より当事者自身がストレングスを見立てることができ
るような新しい枠組を提案できるのではないかと考えたのです。

　では、すべての当事者を支援する際の「究極の目標」はどのように定義したら
よいのでしょうか。特性の差、能力の差を乗り越えてストレングスを見立てるた
めの「究極の目標」を次のように提案したいと思います。

■ すべての当事者と家族を支援するための「究極の目標」

　・当事者と家族の苦痛を最小化すること
　・当事者と家族の安全を担保すること
　・当事者と家族が張り合いのある生活を送ること

　私の考える「究極の目標」はこの3つに尽きると考えています。当事者と家
族の両方に気を配るという観点から、当事者と家族の両方を文章に含めています。
どんなに良さそうな提案も、当事者と家族の苦痛と安全の問題を起こすリスクが
あるものは避けなくてはいけません。当事者と家族が張り合いのある生活を送る
ことを目標にすることで、あらゆる特性・能力の違いを乗り越えた支援を検討す
ることが可能になります。どうでしょう、支援者として活躍されている読者の皆

さんはご自身の生活において、この３つがバランスよく整っていると言えるでしょうか？　もしこれらの３つのうち一つでも懸念があれば、読者の皆さんはまずそれから手をつけたほうがよいのかもしれません。この究極の目標における「当事者と家族」は「私」でもあるのです。

　上記にまとめた究極の目標に近づくために、既存のストレングスモデルにおけるストレングスの見立てとは異なる視点をもつことを提案しています。以下に新しいストレングスの着想ポイントをまとめてみました。

■ 新しいストレングスの着想ポイント

- ・当事者自身の体験から、当事者が自分の言葉で気づくストレングス
- ・能力主義と距離を置き、当事者にとっての良さ、周囲の人間との相互作用の良さを中心に据えるストレングス
- ・支援者の期待、地域社会からの期待から自由になって見つけるストレングス

　私自身、チャールズ・A・ラップ教授のストレングスモデルに出会い、触発され、日々の精神医療の現場で出会う患者さんとその家族の見方が変わりました。当事者と家族のストレングスを見つけやすくなるため、支援の行きづまりを感じることが減り、当事者や家族とのコミュニケーションが円滑になり、自分自身の健康と仕事に対する情熱を維持することができるようになったと感じています。また、医学モデルとストレングスに根ざした支援モデルは、複眼視的に運用することが可能だと考えています。医師として標準的な治療を提供することと、ストレングスに根ざした支援を志向することは、なんら矛盾するものではありません。実際に私は医学モデルに基づいて患者に標準的な治療や支援を提供しつつ、こうした新しいストレングスの着想を応用することで、徐々に私独自のストレングスの見立ての枠組みを作っていきました。これが次の節で紹介するストレングス・トークです。

1-4 ストレングス・トークって何？

ストレングス・トークは当事者、家族、さらには支援者自身のストレングスを見つけるための手順と枠組みを提供するという、きわめてシンプルなコンテンツをもっています。さまざまな年齢層の当事者とその家族の支援にあたっている支援職、教師、医療従事者など、あらゆる職種の対人支援に携わる人々が用いることができます。当事者本人やその家族がそれぞれのストレングスを意識しやすくするためにも用いられます。そして、支援者自身をエンパワメントし、支援者の健康をもサポートするためにも応用でき、支援者と被支援者という枠組みを超えて学べるものなのです。

ストレングス・トークを学ぶことの主なねらいを以下にまとめます。

■ ストレングス・トークを学ぶねらい

- 支援に必要なアイデアをポジティブな視点から着想する
- 支援の対象である当事者とのコミュニケーションを円滑にする
- 支援にあたる支援者自身を勇気づけ、エンパワーすることで支援者の健康をも守る

このように、ストレングス・トークの最大の狙いは、支援を行きづまらせないことです。当事者のネガティブな側面にとらわれることで支援のアイデアが"ネタ切れ"にならないよう、常にポジティブな視点からアイデアを着想できるよう、ブレインストーミングしておくことが大切です。困難な問題をもっている当事者やその家族に対してポジティブな見立て方を失わなければ、おのずとコミュニケーションが促されます。支援者が自身の仕事についてストレングス・トークを用いて振り返ることができれば、ストレス軽減や自身の仕事についての自信を高めることにつながるので、支援者のエンパワメントとしての効果もあるのではないかと考えています。

ストレングス・トークを用いた支援の「究極の目標」は上記（→15頁参照）の通りです。当事者が張り合いのある生活を送るためには、当事者が周囲の環境と良い相互作用を形成できている必要があります。そのためには苦痛が最小化され、安全が担保されている環境は絶対条件となります。また、「良い相互作用」がど

のようなものか、という問いに回答できるのは当事者本人だけです。

　たとえば、「高校生になったらアルバイトくらいして社会と関わってほしい」と家族が願っていても、本人がアルバイトの環境における周囲との相互作用を求めないのであれば、それは良好な相互作用とはなりえません。アニメ好きの友達とコミケに行って往復の電車でたくさん会話してくることを本人が選び取るのであれば、良い相互作用のフィールドはアルバイトを始めることではなく、コミケに行くことになるでしょう（もちろん、行き先の環境の安全が担保されているということが大前提ですが）。そもそも、支援というものは当事者が選び取った目標にたどり着くことを援助することです。支援がうまくいかない時というのは、目標についての合意形成が当事者と支援者との間でうまくいっていない場合が案外少なくありません。

　注意が必要なのは、当事者が本当はあきらめたくないと思っていても、その目標を手放したような言動をとることがあるということです。「学校に行きたくない」と発言していても、ほぼ同じくらいの強さで「学校に行きたい」と思っているかもしれません。当事者の単発の発言だけで本当の願いを汲み取るのは至難の業です。当事者には「たとえば『学校に行きたくて、行きたくない』など、相反する願いがこころの中でぶつかり合うことってよくあると思います」などと、方向性の異なる願いがこころの中にしばしば同居するものであるという事実を、日頃から事あるごとに伝えておくのもよいでしょう。当事者の本当の願いを引き出すためには、さまざまな面接の工夫が必要です。

　ストレングス・トークが着目するストレングスは、４つの"隠れた強み"に分類されています。

■ ストレングス・トークにおける４つの"隠れた強み"

> 強み① 本人への良い影響
> 強み② 周囲への良い影響
> 強み③ ねがいごと
> 強み④ 不器用な対処

　ストレングス・トークでは、高く優れた能力こそ強みとする考え方、能力主義と距離をとるため、これら４つの"隠れた強み"には能力に関連した要素を採用しませんでした。代わりに、子どもを含めた当事者が周囲から年齢や発達に応じ

た能力を強く期待されるという傾向（期待のスポットライト）に"隠された"相互作用の良さ（**強み① 本人への良い影響、強み② 周囲への良い影響**）、願望（**強み③ ねがいごと**）、発展途上の対処（**強み④ 不器用な対処**）をストレングス・トークにおける中心的なストレングスとしたのです。

　これら4つの"隠れた強み"から子どもを含めた当事者が決めた目標を抽出し、それを手助けしようというところは、ラップ教授のストレングスモデルと共通しています。ストレングス・トークでは、子どもを含めた当事者の支援を念頭に置いていますので、見つけた強みを子どもを含めた当事者とも共有できるような枠組みが必要です。小学1年生の子どもに「これがあなたの"ストレングス"だね！」と伝えてもうまく通じませんので、ストレングスというカタカナ言葉は"隠れた強み"という日本語で表現しています。

　"強み"という言葉を用いることで、能力の強さこそストレングスであるという信念の形成を強化しないかと心配したのですが、「能力の強さ以外にも多様な強さがあるのだ」という新たな"強み"の概念をストレングス・トークを通して広げることを目指しました。当事者が発達途上の子どもであればなおさら、そのことを教育的に伝えていくことを仕事にするのがよいと考えたのです。能力や社会から期待される"生産性"とは距離を置いたところにこそ本当の価値があるという信念を、子どもを含めた当事者と支援者がともに携えることができたら素敵だと思っています。

　逆に言うと、支援者の「高い能力こそ強み」「当事者が社会の期待に応えられるようにすることが最重要」という信念が強い場合は、ストレングス・トークを用いた支援ができません。高い能力や生産性とは異なる着眼点で、支援者がみずからの"隠れた強み"を見つけることができるように練習する必要があります。私が主宰するストレングス・トーク研究会が行うワークショップ（→第7章参照）を受けていただくのも方法ですが、読者の皆さんが本書を精読してみずからの"隠れた強み"を日々見つけられるようになってもらえたら、こんなにうれしいことはありません。

　読者の皆さんが自身の"隠れた強み"に日々気づくことに慣れてきたら、今度は比較的身近な（かつ葛藤的な関係にない）誰かの（家族、友人、同僚、近所の人など）"隠れた強み"を見つけてみます。ストレングス・トークのワークショップでは、参加者自身の"隠れた強み"を見つける課題のあとに、グループワークでほかの参加者の"隠れた強み"を見つける課題に取り組みます。参加者が実際に日々の支援で関わる当事者とその家族の"隠れた強み"を探すのはそれからです。"隠れた強み"を見つけるための3ステップを以下にまとめます。

■ "隠れた強み"を見つけるための３ステップ

> ステップ１：自分の"隠れた強み"に気づく
> ステップ２：周囲の人の"隠れた強み"に気づく
> ステップ３：支援している当事者とその家族の"隠れた強み"に気づく

　ステップ１に慣れるまでは、次のステップに移るのを急ぐ必要はありません。実際の支援に早く役立てたい気持ちもあると思いますが、ステップ１の練習をすること自体が、支援者である皆さん自身のエンパワメントになる可能性もありますので、ステップ１に慣れないうちは焦らずじっくり取り組むことが大切です。次の節では、実際にどのように"隠れた強み"を見つけていくのかを述べていきます。

1-5 "隠れた強み"の見つけ方の基本

　繰り返しになりますが、ストレングス・トークでは能力が高いことを強みとしてはカウントしていません。能力が高いことで良いことはたくさんありますが、当事者の能力の特性によらず強みを見つけることを可能にするため、ストレングス・トークでは当事者が形成している／形成できそうな良い相互作用を探すことを重要なプロセスにしています。幼児期の当事者で運動機能や言語機能に重い障害があったとしても、さまざまな遊びや作業の内容を工夫することで、楽しく快適な相互作用を体験することができます。青年期の当事者で不安・抑うつ・怒りなどさまざまな感情面の困難さがあったとしても、環境面の配慮と会話に工夫を加えることで、安全で穏やかな対話が可能になるかもしれません。このように、良い相互作用に伴って、当事者および当事者に関わる人の双方に"良い影響"が生じているはずです。これらについて以下にまとめてみました。

■ 良い相互作用に伴って生じる"良い影響"

> 感情への良い影響：楽しさ、安心、心地良さ等
> 行動への良い影響：活発さ、集中、円滑さ等

環境への良い影響：創造的な変化、生活のしやすさに向かう変化等

　良い相互作用が生じると、当事者にも当事者に関わる人にも、感情・行動への良い影響が生じます。これは行動の観察から得られた所見や、当事者とのコミュニケーションにて得られた当事者の言動など（行動事実）を手がかりにカウントしていくことができます。

■ 行動事実と"隠れた強み"

行動事実	"隠れた強み"
診察室で表情の硬い7歳女子。診察室の一角に塗り絵ノートを見つけて色を塗りはじめると、目を大きく見開いて懸命に塗り続け、塗り終わると自慢げに母親に見せにくる。母親がうれしそうな表情で女子を膝に乗せながら塗り絵を見る。	・色を塗る作業が女子を集中させ、活発にさせている（強み① 本人への良い影響） ・塗り絵が完成したことを母親に見せて母親に喜んでもらいたい（強み③ ねがいごと） ・塗り絵が完成すると、母親がうれしくなっている（強み② 周囲への良い影響）
宿題に集中して取り組む10歳男子。その様子を見た父親「今日はどうしたの？ さっきから脇目も振らずに漢字ドリルやってるけど？ 普段はこのドリル、めんどくさいって言ってたけど？」。本人「このあと、友達の家に行って遊ぶんだ。早く仕上げちゃわないと遊べないから。昨日漢字テスト100点だったし、最近漢字の勉強いやじゃないし」	・遊ぶ約束を実行するためなら、宿題を早く片づけたい（強み③ ねがいごと） ・友達とたくさん遊びたい（強み③ ねがいごと） ・漢字テストの成績がよくてうれしい（強み① 本人への良い影響） ・集中して勉強している姿を見て父親が驚き、少しうれしく思う（強み② 周囲への良い影響）

　前頁表からは、ストレングス・トークでは、当事者の能力を見立てるのではなく、日々の何気ない"当たり前の行動"から良い相互作用を作るための資源を探そうとしているのがわかると思います。能力を見立てる既存の強み探しであれば、当事者の"望ましい行動"がないかを探すでしょう。"望ましい行動"というもの自体が周囲からの"期待のスポットライト"に照らされていますから、ストレングス・トークで"隠れた強み"を探す場合とまったくスタイルが異なることがわかるでしょう。

　それにしても、私たちの多くは子どもの頃からこの"期待のスポットライト"に照らされて生きてきたようなところがありますから、ストレングス・トークのワークショップでも、"望ましい行動"から強みを探しがちです。ストレングス・トークを学ぶことは、実は自分自身が長年慣れ親しんできた価値判断の幅を広げるというプロセスでもあるのかもしれません。

　そして、当事者の"望ましくない行動"が出現した時こそ、"隠れた強み"を見つけるチャンスかもしれません。"望ましくない行動"は当事者がひそかに望んでいたことが叶わないと感じたり、邪魔されたと感じたり、絶望感を抱いた時など、ねがいごとが実りそうにない時に突発的に出現することがあります。"望ましくない行動"を発見したら、その行動について叱責したりお説教したりするよりも、叶わなかったねがいごとは何だったのかに関心をもって探すように当事者とコミュニケーションを図ってみると、決して語られなかったねがいごとが明らかになるかもしれません。先述したように、当事者の願いは"隠れた強み"です（**強み③ ねがいごと**）。叶わなかったねがいごとすら、"隠れた強み"です。いわゆる問題行動が多い当事者との対話を試みる際には、叶わなかったねがいごとを探ってみませんか？　"望ましくない行動"を禁止するだけの関わりとは比べものにならない情報を引き出すことができ、当事者との信頼関係を築くのに大きな貢献をする可能性のあるきっかけがもたらされると考えています。

　当事者が困難な状況に直面した時に、当事者なりに解決を模索した結果、"望ましくない行動"に至ってしまったというように、いわゆる問題行動の背景にいただけない対処としての側面がある場合があります（**強み④ 不器用な対処**）。こうした場合も、結果として問題となった行動について本人を責めるよりも、当事者がどのような困難に出会ってしまったのかについて探るほうが建設的な対話になりそうです。ストレングス・トークの特徴として、いかなる行動の問題をもつ当事者であっても、その人なりのやり方で問題を乗り越えようとしているはずだという前提で支援を進めるという点があります。子どもを含んださまざまな年齢層の当事者を、きわめて「性善説的」な視点からとらえることにより、支援のため

のアイデアを " ネタ切れ " させないようにし、当事者との対話を試み、支援者自身を勇気づけながら支援を進めていくのです。

　次の章からは、" 隠れた強み " のアセスメントや支援への活かし方について、当事者の年齢層ごとにまとめてみたいと思います。

第2章

【実践編 I】

幼児期

まずは一緒に
楽しく遊べるようになろう

StrengthTalk

2-1 | 幼児期の子どもとその家族との出会い

　幼児期の子どもとその家族が支援者と出会う場所としては、大きく分けて保育や幼児教育の現場、医療機関、療育機関、乳幼児健診の現場、子育て支援の現場などがあります。家族の懸念の内容としては、子どもの言葉の発達が遅いこと、子ども同士のコミュニケーションについての懸念、食事・着替え・入浴などルーチンの生活場面での困難さ、多動・衝動性など行動の問題など多岐にわたります。子どもは言語発達に遅れがあってもなくても、多くの場合、みずからの懸念を言葉で表現することが容易ではなく、激しいかんしゃくや拒絶的・攻撃的な行動などによりみずからの葛藤を表現することがよくあります。

　家族はしばしば疲弊しています。母親が主たる養育者として支援者と出会うことが多いわけですが、父親や祖父母など拡大家族のメンバーが協力的な態度で同伴することもあれば、過度に介入的・支配的な関わりをしていることが読み取れるようなケースも少なくありません。母親が子育ての悩みから精神的な苦痛を感じていることも多いのですが、子育ての悩み以上に、夫婦間、みずからの親との関係、舅や姑との関係に悩んでいる方が少なくないのは言うまでもないでしょう。みずからの忌憚ない意見を夫婦間や拡大家族のメンバーとシェアすることをためらわざるをえない家庭状況があると、主たる養育者が孤立しがちとなり、結果として子育ての困難さがさらに増幅します。そうした過酷な状況を背景として、マルトリートメントと呼ばれるような子どもへの不適切な関わりに至ってしまう場合があるのは、幼児期の子どもとその家族の支援者であれば日常的に経験していると思います。

　このように、幼児期の子どもとその家族との相談においては、子どもがもっている課題や障害だけでは説明できない要素が多く、家族全体を覆う複雑な課題が横たわっています。子どもが発達障害をもっている場合には、母親・父親自身が抑うつ状態をきたしていることも多くなるため、親のメンタルヘルスへの支援も子どもの支援に並行して必要になると言われています。[6][7]

2-2 | ありがちな関わりと懸念

　幼児期の子どもの発達障害や発達についての懸念は、国を挙げて「早期発見、早期支援」が進められている途上にあると思います。乳幼児健診の現場では、ま

ことにたくさんの子どもに発達の懸念があると指摘され、療育センター等で医師の診断を受けてから、さまざまな支援を受けることになっています。発達障害の概念について知り、そうした特性をもつ子どもが家庭や地域で暮らしやすくなるにはどうすればよいかを研究することは、今後も子どもの医療と福祉のメインテーマの一つであり続けるでしょう。一般の保育園や幼稚園、公共機関は、必ずしも発達障害の特性をもつ子どもにフレンドリーな構造になっておらず、"多数派"の幼児たちのように保育士の指示に反応できず、幼児同士の遊びに参加できず、日本式のさまざまな園行事の活動から逃げ出してしまうわが子を見て当惑している家族にとって、発達障害の概念を知ることは衝撃的ではありますが、有用であるとも言えます。発達障害の特性をもつ子どもにフレンドリーな環境の構造、コミュニケーションの工夫を知ることは必ず役に立つでしょう。

　私が気になっているのは、発達に懸念のある子どもたちの生活のしにくさを発達障害のみで説明しようとする過剰な医学モデルです。月齢・年齢に応じて期待されているレベルのコミュニケーション・スキルが乏しいこと、特定の活動参加に必要な注意・集中の維持ができないこと、こだわりが強くて活動や予定の変化に耐えられないことなどなど、さまざまな能力上の欠陥があらゆる生活の問題を引き起こしているとみなすことで、療育や発達支援の名のもとに"能力向上モデル"ばかりが強調されてしまうことを心配しています。「子どもの能力向上を期待することは悪いことなのか？」という批判を受けるかもしれませんが、とくに個別指導の文脈で行われる活動においては、認知能力や言語機能の向上ばかりを狙う課題だけではなく、子どもと大人が楽しさ・安心・快適さを感じるために必要な支援を忘れないでほしいのです。インテンシブな個別指導の結果、子どもの話せる単語数は100を超えたとしても、親子がただただ安心して時間を過ごせるための場と配慮、そして遊び活動なしには、子どもと親の生活の質はなかなか向上しないのではないかと思います。また、発達障害をもつ子どもたちの中には卓越した能力をもつ子どももいて、親としては子どもの能力の高さについつい期待のスポットライトをあてがちです。長期的な育ちの中で子どもたちを支えるのは、能力の高さというよりは、子どもたち自身が楽しみ・安心・快適さをしっかりと感じること、そして自分自身を助ける体験だと思うのです。

　"能力向上モデル"的活動は、公的な発達支援機関・療育センターが担うというよりは、民間の事業所が展開する療育活動として実施される場合が多いと思いますが、認知機能や言語機能がどうなったかばかりを子育ての主たるアウトカムにすることが子育ての楽しさやゆとりを奪ってしまわないかどうか、見守りが必要だと思います。その意味で、近年ニョキニョキと増加しつつある主に受給者証

を用いた発達支援サービスが、子どもと親の生活全体を見渡せているかどうか、とても心配しています。サービスの利用の仕方を相談する計画相談というものはありますが、この制度が継続的できめの細かい相談支援を提供できているかというと、これもまた課題が大きいと思っています。サービスばかりが乱立し、子どもと親に継続的に寄り添うのは誰なのか、真剣に議論が必要な課題です。

　公的な支援サービスにも課題はたくさんあります。子どもと家族の両方にきめ細かいサポートが必要なケースへの支援はとても重要ですが、ここにもまだ構造的な問題が横たわっています。子育て支援と大人のメンタルヘルスの支援の両方を見渡すことができる支援者は、地域にどのくらいいるでしょうか。子どもと大人の両方を診療できる精神科医はどのくらいいるでしょうか。医療も福祉も世代ごとに専門性が分かれやすく、子どもを担当する支援者と大人を担当する支援者がどこまで綿密に連携していけるのか、あまりシンプルではない課題がありそうです。もちろん、子どもと家族の医療・福祉の担当者を別々にしてサポートを受けられる選択肢は必要です。公的な支援が相談に来談した本人のみを支援する仕組みになっていて、視野の広いアセスメントと柔軟な支援を実現しにくいシステムになっていることを私は心配しています。

　幼児期の子どもに関わる職種は、行政の事業に携わる職員、保育園・幼稚園の職員、子どもの医療機関や発達支援機関の職員など多岐にわたっており、それぞれの事業の歴史も長いため、子どもの支援については一家言あるベテランの方々が多く従事しています。支援者は、この一家言の内容をつい勇み足的に当事者である子どもや親に伝えてしまいがちかもしれません（余談ですが、私は5歳の時に排泄の自立が遅れており、年長になっても排便が自立していませんでした。保健所に連れて行かれ、どういうわけか、職員の方に「あなた、何歳だと思っているの！」と怒鳴られたことを思い出しました。5歳だった私は右手を広げて "5" という意味でその方に見せたことも）。

　何歳頃にどんなことができるようになっているかという発達のマイルストーンは、アセスメントするうえである程度の目安にするのはよいのですが、それに達していないことを支援者に批判されて当事者の親子が悲しい思いをしてしまうというエピソードに出会うことは少なくありません。支援者からみて、何かが「足りていない」「到達していない」と感じられた時であっても、すべての子どもの発達が決して同じ速度で進むわけではないことを思い出し、次の節で述べるような幼児期の "隠れた強み" に注目し、今・ここにいるその子どもの存在を祝福しながら、疲弊している親御さんを労いながら、支援を続けてもらえたらと願っています。

2-3 幼児期の子どもの"隠れた強み"

　ストレングス・トークでは、幼児期の子どもとその家族を支援する際には、発達の見立てに並行して、家族（とくに両親）による子どもへの関わりについて、その足りない部分やその子に合っていない部分をすぐに指摘することはありません。それは遅かれ早かれ、どこかの段階で話題にする必要がありますが、出会って間もない時期の面談では、それまでの親子の相互作用の中から"隠れた強み"を見つけ出し、即座に家族にフィードバックします。

隠れた強み① 本人への良い影響

　幼児期の相談では、子どもの言語発達の遅れがある場合も多く、子どもが感じたことを自由に言語化してくれるわけではありません。"隠れた強み"のうち**強み① 本人への良い影響**を見つける際は、どんな時に子どもが楽しみ・安心・快適さを感じているか、またはどんな時により集中を高めて活発にふるまうかを、子どもの行動から読み取っていくことが中心となります。子どもの様子を家族から聞いて"隠れた強み"を探すこともあれば、家族と一緒に子どもが来談している際に、目の前で子どもが遊んでいる場面においてリアルタイムで"隠れた強み"を表す行動事実を探す場合もあると思います。

　家族の話から見つける場合の例を下記に示します。

■ 強み① 本人への良い影響を家族の話から見つける場合の一例

母親　：この子は基本、私の言うことはいつも無視するんです

支援者：そうですか。もし、こんな時はお母様の指示を無視せずに聞いてくれる、という場面があったら教えてください

母親　：ええ……無視しない時……あ、お散歩に行く時はすぐに玄関まで来てくれます

支援者：素晴らしい。お散歩に誘う時、どんなふうに呼びかけるんですか？

母親　：お散歩の歌を歌うと、これからお散歩に行くんだってわかるみたいです

支援者：その時のお子さんはどんな様子ですか？

母親　：うれしそうに私についてきます

支援者：お母様が歌うお散歩の歌が、確実にお子さんに届くんですね。そして
　　　　お子さんを楽しく活発にさせていますね。これはストレングス・
　　　　トークの "隠れた強み" の一つである**強み① 本人への良い影響**に相
　　　　当すると思います

幼児期の子どもに関する相談に限らず、家族の懸念はどうしても当事者である
子どもが大人の指示に従ってくれないことに関連していることが多いでしょう。
「できないこと」が話題になった時には「例外的にうまくいく場面」を思い出し
てもらう**例外探し**という技法を使いながら "隠れた強み" を引き出していくこと
ができる場合があります。人間の記憶はどうしても、頻度が高く、よりネガティ
ブな内容の事象について強く残る性質がありますので、上記の例のように「この
子は私をいつも無視している」という信念が固定化しやすいのですが、例外探
しをすることによって意識的にポジティブな記憶を呼び起こすことで "隠れた強
み" を見つけやすくする効果があります。もし**強み① 本人への良い影響**に関連
しそうな出来事を見つけたら、その時の子どもの反応を詳しく描写してもらうの
がコツです。ポジティブな記憶を想起させたら、それを描写することで記憶に重
みをつけてもらおうというわけです。この例外的な出来事を**強み① 本人への良
い影響**としてカウントすることで、親子のコミュニケーションについてのネガ
ティブな信念を固定化させないように支援できるとよいでしょう。

■ 強み① 本人への良い影響を子どもの行動観察から見つける場合の一例

　　　　　　（子どもが黙ってテーブルの上でおままごとセットの野菜を包丁のおもちゃで
　　　　　　切って遊んでいる。母親が子どもに寄り添うように座り、子どもに指示を出すが、
　　　　　　子どもは母親を見向きもしない）
母親　　：ほら、Bちゃん。ここにフライパンがあるわよ。ここで野菜をジュー
　　　　　ジュー焼いたらどう？
　　　　　　（子どもはひたすら野菜を切っている）
母親　　：Bはいつもこうなんです。私と遊んでもあまり楽しくなさそうで
　　　　　……
　　　　　　（母親は子どものテーブルで一緒に遊ぶのをあきらめ、支援者のいるほうに近づ
　　　　　　いてくる）
支援者：このまま、もう少しだけBちゃんが遊ぶのを見てもよいですか？

母親　：はい

（子どもが切った野菜を赤いお皿の上に乗せる。子どもは野菜を乗せた赤いお皿をそうっと母親のほうに持ってきて差し出す）

母親　：あら、Bちゃん。美味しそうなお野菜持ってきたね。うれしい！

（子どもは無言のまま一瞬はにかんだような笑顔をみせ、また別のお皿に野菜をもりつけて母親のところに持ってくる）

母親　：またお野菜持ってきてくれたね。ありがとう

支援者：Bちゃんは大人に指示されたことを達成して褒められるよりは、自分で決めた活動をお母様に見せて褒められた時にうれしい気持ちになるのかもしれませんね。それにしても、お母様の褒めるまでのスピードがすごく早くて、びっくりしました。Bちゃん、お母様に素早く褒められると、一瞬ですけどニヤっとしましたよね。お母様がBちゃんの行動を待ってから素早く褒めるというこのパターン、Bちゃんにとってはとても良い遊びのリズムになるのかもしれません。これはまさに**強み① 本人への良い影響**ですね

　親子の関わりをリアルタイムで観察していると〝隠れた強み〟の情報が多く得られます。ある程度の言語発達があっても、支援者のいる環境では普段よりも発語が少なくなりやすいですから、支援者はやはりほんのわずかの表情の変化を見逃さないように観察します。**強み① 本人への良い影響**のサインである可能性のある行動変化には、以下のようなものが挙げられます。

■強み① 本人への良い影響のサインとなる子どもの行動変化の例

・笑うこと
・親のほうにしばしば関心を向けること
・退屈せず、集中できること
・その場にいる大人や子どもに近づいていくこと
・発語・発声が増えること

　幼児期においても、子どもは大人たちから〝期待のスポットライト〟を浴びています。大人は子どもたちに対して「もっとこんなふうに遊べばいいのに」「もっ

とほかの子どもに話しかければいいのに」などと発言するかもしれません。また、期待のスポットライトは子どもの年齢によっても変化します。「年少さんになったのに、まだ○○できていない」などといった期待のスポットライトに基づいた判断は、子どもの"隠れた強み"を見つけ出すうえで大きな障害となってしまいます。さらにはジェンダーに関連した期待のスポットライトが強いと、「男の子なのに、女の子が見るようなアニメのキャラクターを好むから心配だ」とか、「女の子なのに、男の子とばかり遊んで女の子たちと関わろうとしないから心配だ」などといった懸念が生じることも少なくないでしょう。しかし、**強み① 本人への良い影響**を見つけるきっかけとなる行動事実は期待のスポットライトで照らされる視野の中には見つけられないことが多いのは先述の通りです。それは何気ない、一見当たり前の行動の中に隠れていることが多いようです。年齢やジェンダーの枠組みで区切られずに、それぞれの子どもが自分に合った遊び活動を展開できたら、**強み① 本人への良い影響**はますます大きくなることでしょう。

　幼児期の相談では、親のこころの中は子どものこれからのこと、未来への不安でいっぱいであることが多いです。未来への不安は妥当な感情ですが、それに囚われるとなかなかやっかいです。支援者は子どもたちの家族が未来への不安をもっていることを承認しつつ、目の前の子育ての一瞬一瞬から少しでも多くの"隠れた強み"を発見し、"今・ここ"のポジティブな瞬間に気づき、味わえるよう援助するのが、ストレングス・トークの大きな目標の一つだと思います。

隠れた強み② 周囲への良い影響

　この**強み② 周囲への良い影響**も"期待のスポットライト"によって見えにくくなります。「ほかの子におもちゃを『貸して』と言われたら、素直に貸してあげてほしい」「幼稚園から帰る時くらいは、先生に挨拶してほしい」「おばあちゃんからお菓子をもらったら、『ありがとう』と答えてほしい」などなど、さまざまな期待が親と子の間に交錯していますが、しばしばその期待通りにはいかないというのが、子育てにおいてはむしろ普通のことだと思います。

　強み② 周囲への良い影響を見つけるためには、あくまで子どもの自発的な行動を観察することから始めるほうがよいと思います。そのほうがじつは周囲への良い影響を見つけやすいと考えています。子どもの自発的な行動を見て、大人が楽しみ・安心・快適さを感じたり、大人自身が元気をもらって活発になる場面こそ、子どもが周囲への良い影響を生み出している瞬間です。

　ストレングス・トークでは、子どもが何らかの課題を達成した際に「えらいね」

「すごいね」「がんばったね」と褒めることに、そこまで大きな比重を置いていません。そのように褒めることができる場面があるならば、それはそれで素晴らしいことです。ただ、ストレングス・トークは、大人の期待に応えにくい、言い換えれば"期待のスポットライト"で照らされているところには強みが見つけにくい子どもにこそ応用していきたいのです。子どもが大人の期待に応えていなくても、子どもが周囲への良い影響を生み出し続けていることに着目していこうというわけです。

　子どもが何かを達成した瞬間、たとえば運動会のかけっこで1位になったとか、初めてひらがなを書いて見せたといった場面で、大人は「えらいね」「すごいね」「がんばったね」と褒めます。褒められると子どもはうれしいので、また同じように褒めてもらおうとして、より課題を達成しようとするかもしれません。このように、何かを達成したことにより自分の力を確認するような感覚を自己効力感（self-efficacy）と呼びます。一方、1歳の子どもが大人のほうを見ただけで、大人が「あら、○○ちゃん、こんにちは」と微笑み返してくれたとします。子どもは自分が何も達成していなくても、自然と大人が自分に関心を寄せ、微笑みかけてくれることでうれしくなり、大人のほうによちよちと歩いて近づこうとします。それを見た大人は、子どもが自分のほうに近づいてくれるのがうれしくて「あら、いらっしゃ～い」と歓迎の意を表すでしょう。子どもは自分がただただ感じたままに行動しているだけで、**強み② 周囲への良い影響**を与えていることを全身で感じます。このような感覚のことを自己肯定感（self-affirmation）と呼びます。ストレングス・トークの**強み② 周囲への良い影響**では、この自己肯定感に関連する行動事実を見つけ、増やしていくことを目指しています。

　自己肯定感と自己効力感の概念はしばしば混同されており、「成功体験を積んで自己肯定感を高める」と言う方もいますが、自己肯定感はそのような成功体験を必要としていません。何かに成功していなくても、自分を肯定することができるはずですし、どんなに能力上の制限が大きくても、関わる支援者のものの見方を工夫することで**強み② 周囲への良い影響**を見つけることができると考えます。とくに幼児と大人の二者関係においては、幼児のふるまいによって大人自身が楽しさ・安心・快適さを感じ、より活発になるなどの**強み① 本人（大人）への良い影響**を感じる場面があるはずです。これが裏を返せば、子どもが自分に関わる大人に対して**強み② 周囲への良い影響**を与えているということになるわけです。

　しかし、子どもの**強み② 周囲への良い影響**という"隠れた強み"を見つけるためには、大人が子どもの行動から楽しみ・安心・快適さを感じ取るだけのゆとりと健康さをもっている必要があります。寝不足で疲れがたまっているだけで、**強**

み②　周囲への良い影響は見えにくくなる可能性があるのです。ストレングス・トークのワークショップ（→第7章参照）では、まず支援者自身の"隠れた強み"を探すワークから開始します。それは、支援者が自身の楽しみ・安心・快適さをしっかり感じ取れるようになってからのほうが、他者の"隠れた強み"にも気づきやすくなるだろうという信念に基づいています。ストレングス・トークのワークショップで、参加者自身の"隠れた強み"を見つけるワークを参加者の皆さんが思いのほか楽しんで実施しているのを見るたびに、自身の"隠れた強み"を最初に扱う流れにしてよかったと感じています。少々疲れた状態にある方々にはさらなるセルフケアが必要なわけですが、セルフケアとは大人自身への**強み①　本人への良い影響**を与えてくれる活動を選択することにほかなりません。子どもの"隠れた強み"を見つけるためには、大人自身へのねぎらい、休息、場合によっては大人自身が生活支援や治療を受けることも検討することがあります。

　子どもの自発的な行動からのみならず、子どもが大人からの指示に応えた際に周囲への良い影響が観察されることがありますが、幼児期の子どもが大人の指示に従うというのは簡単なことではないのが普通です。私の考えでは、子どもが大人の関わりに応えるためにはいくつかの条件があると思うのです。以下にまとめてみます。

■ 周囲の関わりに応えるための3つの条件

> ① 相手のことを敵ではない（味方だ）と思える
> ② 相手からの関わりに注意を向け、理解できる
> ③ 相手との相互作用の中で互いに良い影響が生じることを経験している

　まず、相手のことを自分のコミュニケーションのパートナーであると認識し、その人のことを少なくとも「敵ではない」、少なくとも自分を脅かす存在ではないと感じることができることが最初のハードルです。これは家族であっても同じで、長い子育て期間を経ていても、子どもにとって思うようにいかない場面や、大人からの発言ですっかり不快な感情が出てきている際には、普段どんなに仲良しの親子でも「敵ではない」とは思えないかもしれません。幼児だけでなく子どもは皆、大人に甘えてみたり、怒ってみたり、楽しく声をかけてきたり、悪態をついてきたりと、感情の状態は七変化するでしょう。その瞬間に子どもが目の前の母親のことを「敵ではない」と思えたり思えなかったりするわけです。これに

大人は一喜一憂する必要はありません。感情は自然現象、お天気のようなものですから。

　また、とくに家族以外の大人（支援者）が幼児期の子どもと初めて出会った時に、子どもに味方だと認識してもらうためにあれこれ努力したことが、かえって裏目に出る場合もあります。過度に子どもとの距離をつめてしまったり、たくさん話しかけすぎたりして、コミュニケーションがギクシャクしてしまうこともあるでしょう。やはり支援者である大人が幼児期の子どもと出会って間もなくの時期は、子どもにとって「敵ではなさそう」と感じてもらうところから始めるのがよいでしょう。

　幼児期の子どもが大人から指示を受け取り、結果的に**強み② 周囲への良い影響**が生じるためには、子どもが大人から与えられる情報に注意を向けている必要があります。子どもが指示をした大人のほうを見向きもしない状態で、大人の出した指示を隅々まで理解することは困難でしょう。大人が子どもの注意を十分に引き寄せてから伝えたい内容を話すという流れが必要です。そのためには、用件を言葉にする前に、子どもの名前を呼ぶのがよいか、子どもの視野に入って手を振るのがよいか、子どもの肩をトントンと軽く叩くのがよいか、子どもに良い影響がありそうな呼び方を検討していきます。

　幼児期の子どもたちの言語発達は個人差も大きく、中には言語発達の遅れがある子どももいます。幼児期の子どもが大人からの関わりに応えやすくなるためには、大人は子どもが理解しやすい言葉を使って声をかける必要があります。覚えておくとよいのは、"One-up rule" と呼ばれるルールです。簡単に言うと、子どもが普段表出できる文章の長さ（単語のみ、二語文、三語文など）に一単語だけ加えた長さの範囲で大人が子どもに声をかけるというものです（例：子ども「でんしゃ」→大人「でんしゃ　ください」、子ども「でんしゃ　きた」→大人「あおい　でんしゃ　きたね」）。このルールを意識して幼児期の子どもに関わるだけでも、子どもにとっては理解しやすくなり、大人からの関わりに応える機会が増えそうです。

　ストレングス・トークでは、子どもが大人の指示に従ったこと自体を褒めるというよりは、大人からの関わりに応えた結果、どのような良い影響を周囲にもたらしたかを重視します。

【① 指示に従ったことを褒める関わり】

　母親：おもちゃを箱に入れてね

　　　（子ども、散らかっていたおもちゃを片づける）

母親：はい、ママの言う通りできた。えらいね！

【② 周囲への良い影響に着目した関わり】

母親：おもちゃを箱に入れてね

　　　（子ども、散らかっていたおもちゃを片づける）

母親：わあ、見て！ 机の上をキレイにできたね！ これでご飯が食べられるね

　驚いたことに、幼児期の子どもたちの中には①のような典型的な褒め方をすると かえって不機嫌になる子もいます。指示に従ったこと自体が「えらい」というよりも、子どもの行動が周囲にどんな良い影響をもたらしたのかをフィードバックするほうが、大人と子どものやりとりがスムーズになることを経験してきました。典型的な褒め方以外にも**強み② 周囲への良い影響**に着目した関わりがあるということを、頭の片隅に置いておけると役に立つかもしれません。

隠れた強み③ ねがいごと

　幼児期の子どもは自分自身の願望を言葉でうまく表現できる場合とそうでない場合があるため、大人たちが子どもの**強み③ ねがいごと**を把握するためには、行動観察から得られる情報に大きく依存しています。しかし、子どもたちの行動は環境の変化に大きく左右されるため、たった１回の観察で得られた行動事実で幼児期の子どもの**強み③ ねがいごと**を想像するのは困難だと思います。「保育園のクラスメートと関わりたいと思っている」かどうかを検証するには、複数の観察者により、複数の場面にて、子どもの行動事実を集めていく必要があるでしょう。その例を次頁に示します。

　このように複数の場面・状況における遊びの行動事実を集めてみると、未知の子どもは苦手なようですが、教室の中ではほかの子どもの遊んでいる近くに寄って行くことがありそうですし、保育士が近くにいる場面では、やや受動的ではありますが、女子とままごと遊びのやりとりがわずかながら観察されました。こうして「慣れた保育士が近くにいれば、子ども同士の関わりをしたいと思っている」という**強み③ ねがいごと**の仮説が導き出されます。そうしたら、次はこの仮説を別の場面で検証することになります。たとえば「男子がプラレールを使って遊んでいる時に保育士が近くにいたらどうなるか」という新たな場面での子どもの

■ 子どもの強み③ ねがいごとを把握するための複数の行動事実

場面・状況	行動事実
公園の砂場で1人で遊んでいる時に知らない子が2人近づいてきた	2人に気づくやいなや、砂遊びをやめて母親のもとに走ってくる
教室の中でプラレールを広げて遊んでいる男子がいる	男子に近づいて、その子が電車を動かしているのをじっと見ている
保育士がいる場面で女子がままごとをしている時に「お父さん役やって」と頼まれる	女子の前に座り、女子が作った料理を食べる動作を繰り返し行う。「おいしい？」と女子に聞かれて「おいしい」と応える

様子を観察してみるのです。ここでも、子どもが男子に近づいてプラレールを用いて遊びはじめるかどうかを確かめていきます。もしうまくいけば、この仮説はある程度正しいということになりますが、うまくいかなかった場合はあらためて別の仮説を立てることになります。

　私は、子どもが**強み③ ねがいごと**の内容を表現すること自体がとても良い行動とみなされるという体験が重要だと思っています。もちろん、ねがいがすべて叶うはずはなく、その一部のみが時間をかけて実現していく場合が多いのですが、すぐに叶うかどうかは別として、子どもたちがねがいを表現する行動自体が大切に扱われるという経験は、先述した自己肯定感を育むことにもつながると思うのです。すぐには叶わないねがいごとや、非現実的なねがいごとについて子どもがポツリとつぶやいた時には「なるほど、そうなんだ！」とねがいごとを発信したこと自体にはポジティブな反応を向けてあげたいと思っています。そのねがいごとがすぐには叶わないとしても、ねがいごとを伝えること自体は認めていけば、子どもはねがいごとを発することをやめずに生活していくことができます。ねがいごとを発することを我慢するのではなく、ねがいごとがすぐには叶わないと知った時にその葛藤にもちこたえられることを目標にするほうが、葛藤が半分で済むと思うのです。ねがいごとを発することができない葛藤と、ねがいごとが叶わないことに対する葛藤の両方をいっぺんに乗り越えるほうが大変です。

【① ねがいごとを表現することを認めない場合】

子ども：もっと、遊びたい！

父親　：だめ！　もう寝なさい！

【② ねがいごとを表現することを認める場合】

子ども：もっと、遊びたい！

父親　：そうか、遊びたいか。プラレールは楽しいもんね。でも、もう寝る
　　　　時間だよ

　上記では、ねがいごとを表現することを認めない場合と、認める場合の会話例を挙げてみました。ささいな言い回しの違いですが、①の会話例の「だめ！」は、ほかの例では、「にんじんを食べたくない」というねがいごとへの否定だけでなく、そのようなねがいごとを発したことそのものについても「だめ！」と言っているように伝わるかもしれません。②の会話例のように、子どもがねがいごとを発することそのものを認めつつ、子どものねがいどおりにはできないという限界設定を行うことで、子どもの思うようにはできない場面でも、子どもが意思表示すること自体には制限をかけずにコミュニケーションを続けることができます。この2つの会話例のうち、どちらかが絶対的に正しいと言うつもりはありませんが、ストレングス・トークが幼児期の子どもたちとのやりとりにおいて大切にしているポジティブな相互作用のための会話の工夫が伝わればと思って話題にしました。

隠れた強み④ 不器用な対処

　幼児期の子どもたちは、大人からすれば困った行動のオンパレードのようなものです。子どもが思うようにいかない時にかんしゃくを起こしたり、子ども同士のケンカに発展したり、衝動的な行動は日常茶飯事です。相手を傷つける可能性や、物を壊してしまう恐れがあったり、何らかの破壊的な要素を子どもの行動に感じた場合、大人はほぼ間違いなく子どもを叱ります。これ自体はやむをえないことです。しかし、ストレングス・トークでは、子どもたちのあらゆる行動の問題に"対処としての要素"が含まれていないかを検討することを勧めています。子どもたちが直面した困難さや葛藤（大人からみたらきわめて些細に見えるものかもし

れませんが）を子どもなりに乗り越えようとした結果として出てきた〝問題行動〟かもしれないのです。

■ 不器用な対処としての〝問題行動〟

C君が使っている新幹線のおもちゃを使いたい（強み③ ねがいごと）

↓

C君の近くに来たけど、貸してくれそうにない（葛藤・困難さ）

↓

C君を叩いてしまう（強み④ 不器用な対処）

　上記に不器用な対処としての〝問題行動〟の流れをまとめました。幼児期の〝問題行動〟をこの３つに分けて分析すると、その子が本当はどうしたかったのかが見えてきます。**強み④ 不器用な対処**としての〝問題行動〟は、そのままの形式では決して周囲に受け止められるものではないため、早急に解決が必要です。しかし、最後の結果として生じた〝問題行動〟を叱責することを繰り返しても、なかなか解決の糸口がつかめないことが多いと思います。そこで、その行動の背景にある**強み③ ねがいごと**、葛藤・困難さを分析してより良い対処を模索する土台にしようというのが**強み④ 不器用な対処**の考え方です。

　ストレングス・トークでは、子どもたちのねがいごとの内容に問題がなければ、その**強み③ ねがいごと**を叶えるための〝代わりの行動〟（代替行動）を子どもとともに考え、より社会的に受け入れられやすい行動を生成することを目指します。問題行動を**強み④ 不器用な対処**とカウントすることができれば、それを見た大人たちが過剰にネガティブな感情を高めることを予防できるかもしれませんし、厳しい叱責よりも代わりの行動を見つけることに集中できるかもしれません。叱責しないと、子どもはそれが悪い行動だとわからないのではないか？　という意見もあるのですが、問題行動に対して叱責をするよりも、問題行動によって実現しようとしたことをキッチリやめさせることのほうが大事だと思うのです。ですから、私はこの場合、叱責をするよりも、C君を突き飛ばして手に入れたおもちゃを一刻も早く子どもの手から取り返すことを優先します。いくら**強み③ ねがいごと**の内容が悪くないからといって、不適切な手続きによってその**強み③ ねがいごと**を叶えることだけはさせないようにしています。

　目指すのは、今までにない新しい方法でその**強み③ ねがいごと**を叶えること

です。代わりの行動の候補としては、Ｃ君に近づいて「貸して」と言う、担任の先生を見つけて「Ｃ君が貸してくれないの」と伝える、などがあるでしょう。大人がどのように新しい方法を促すか、以下に会話の例をまとめました。

■ 不器用な対処から代わりの行動を見つける

（Ｄ君がＣ君を叩いて、Ｃ君の持っていた新幹線のおもちゃを奪う）

保育士：叩いたのでおもちゃはなしです

（保育士はＤ君の手から新幹線のおもちゃを取り返し、Ｃ君に返す）

Ｄ君　：いやだ！　いやだ！

保育士：新幹線を貸してほしかったのね。でも、叩きません。Ｃ君に「貸して」って言います

Ｄ君　：貸して……（Ｃ君のほうを向いて、うつむきながら言う）

保育士：はい、上手に言えた！　Ｃ君は貸してもいいし、貸さなくてもいいよ

（Ｃ君、Ｄ君に新幹線を渡す。保育士、Ｃ君の頭をなでて褒める）

保育士：Ｃ君、優しいね。Ｄ君、Ｃ君に「ありがとう」って言います

Ｄ君　：ありがと（新幹線のおもちゃを見ながら恥ずかしそうに言う）

保育士：ありがとう、言えた。よかったね（保育士、Ｄ君の背中をさすって褒める）

　この会話では、新幹線のおもちゃ欲しさにＤ君がＣ君を叩くという問題行動に対して、厳しく叱責することはせず、Ｃ君から奪ったおもちゃを取り返して問題行動を"無力化"するだけにとどめています。保育士はその後、すかさず代わりの行動を提案して、Ｄ君が適切な行動を実行できたことを褒めています。以下にこの一連の流れをまとめました。

■ 不器用な対処の代わりの行動を促す流れ

Ｃ君が使っている新幹線のおもちゃを使いたい（強み③ ねがいごと）

↓

Ｃ君の近くに来たけど、貸してくれそうにない（葛藤・困難さ）

↓

C君を叩いてしまう（強み④ 不器用な対処）

↓

D君が奪ったおもちゃを保育士が取り上げる（問題行動の"無力化"）

↓

「C君に『貸して』って言います」と保育士がD君に伝える（代わりの行動を提案）

↓

D君がC君に「貸して」と言う（代わりの行動の生成）

↓

保育士がD君を褒め、C君からおもちゃをもらう（代わりの行動を強化）

　こうして代わりの行動を促すことを応用行動分析（Applied Behavior Analysis：ABA）の世界では、「代替行動分化強化（Differential Reinforcement of Alternative Behavior：DRA）」と呼んでいます。応用行動分析は幼児期の子どもの問題行動の分析にとても効果的です。しかし、それを専門とする研究者や臨床家以外の支援者にとっては、少し難しくとっつきにくい印象を受ける場合も少なくありません。ストレングス・トークは応用行動分析を専門とはしない支援者にも、ポジティブなコミュニケーションを維持しながら子どもたちにより良い対処を身につけることを支援するうえで役立つのではないかと思っています。

2-4 ストレングス・トークのコミュニケーションへの応用 ── 遊びスキル

　子どもたちは自分自身が楽しいことを一緒に楽しいと思ってくれたり、自分自身が大事にしているもの／ことを一緒に大事に思ってくれる大人が大好きです。このため、幼児期の子どもと大人が交流して楽しく信頼関係を深めるには、両者が遊び活動で関わるのが一番手っ取り早いのですが、発達の段階や本人の特性がとても多様である幼児期の子どもと遊ぶことには、ある程度の慣れが必要です。言語発達の遅れ、自閉スペクトラム症、または著しい多動・衝動性を呈する幼児期の子どもと遊ぶには、さらにさまざまな工夫が必要かもしれません。なにせ、大人がよかれと思うタイミングで子どもに声をかけてもなかなか大人のほうを向

いてくれなかったり、大人が誘った活動や提示したおもちゃに子どもが集中できなかったりと、大人のほうから誘った遊び活動だけではなかなか相互作用が続かないことが少なくないのです。せっかく幼児期の子どもと遊ぶ努力をしたとしても、思うように反応が得られないと、大人側が子どもと関わりたいと願う気持ちをもつ場合ですら、モチベーションが下がってしまうかもしれません。

　ストレングス・トークでは、幼児期の子どもと楽しく関わるための遊びスキルを提案しています。ストレングス・トークの"隠れた強み"に着目しながら子どもと大人がポジティブな関係を深めることができるように、いくつかの簡単な関わり方のパターンをまとめています。子どもに発達の遅れや特性が目立つ場合も、そうでない場合も、子どもと遊ぶのが得意な大人も、あまり得意でない大人も、みんなが楽しく関われる遊びの時間をもつことが目標です。ストレングス・トークでは、子どもの発達を促進するとか、発達障害の特性を改善するなど、子どもを変えることは目標にしていません。子どもと大人がポジティブに遊びを展開できることそのものに意味があると考えています。

① 子どもの行動に効果音をつける

　はじめに、遊び活動中の子どもの行動にさまざまな効果音をつけることを試してみてください。子どもが何か行動するたびに、それを追いかけるようにさまざまな擬音を出していきます。言葉の発達の遅れなど、コミュニケーションのとりにくさがある子どもでも、自分の行動に大人が面白おかしく効果音をつけてくれることを楽しめる子は多いと思います。効果音を聞くことで、子ども自身が自分の遊びに飽きずに集中できる可能性が高まります。子どもが一人遊びを行っている最中に大人が横からそっと呟くように効果音を出すのもよいです。大人の出す効果音は、まるでアニメや映画のサウンドエフェクトのように遊びの流れにアクセントをつけてくれるでしょう。

　子どもが音に対する過敏さをもっている場合があり、大人が調子に乗りすぎて大きな音で効果音を出すのをいやがる子もいるでしょう。また、大人の効果音によって子ども自身が楽しく盛り上がりすぎてしまい、過剰に興奮する子どももいます。子どもの特性により、大人がどのくらいの音量や音程で効果音を出すのが子どもの行動を"ちょうどよいくらい"に活性化できるかを見極める必要があります。

　子どもがふざけて荒っぽくおもちゃを扱ったり、気分が盛り上がりすぎて遊び相手を強く叩いてしまうなど、遊び活動の中で子どもが強く興奮してしまうこと

があった場合には、この効果音をつけずに少々音のない空白の時間を作ることを勧めています。いちいち「こら！　そんなふうにおもちゃを投げたら危ないでしょう！」と叱責する必要はありません。叱責でさえ、問題となる行動を増やしてしまう可能性があるからです。問題となる行動に対して、あまりよろしくないと大人が考えていることを伝えるのに最も効果的なのが無音状態を作ることなのです。私たち大人は、子どもが機嫌よく安全に遊べている際は黙っていることが多く、子どもが問題となる行動をとった瞬間に叱責することに慣れています。ストレングス・トークの遊びスキルでは、この傾向を逆転させることで楽しい遊び行動を増やし、危なっかしい行動を減らそうとしています（もちろん、危なっかしい行動がその場にいる誰かを傷つける可能性がある時、物が壊れて危険になりそうな場合などは、無音状態を作ったまま、子どもの行動を止めて安全を確保するのがよいでしょう）。

■ 遊びスキル① 子どもの行動に効果音をつける

子ども　：（ブロックをつないでいる）

大人　　：カシン、カシン、カシン

子ども　：（つないだブロックを、車輪のついたブロックの上につないで背の高い車のようなものを組み立てる）

大人　　：グイーン、ガシャン！

子ども　：（背の高い車を前後に動かす）

大人　　：ブーン、ガー、ブーン、ガー

子ども　：（背の高い車を突然壁に投げつける）

大人　　：ブ……。……（一瞬驚くが無反応となる）

子ども　：（壁に投げつけられて砕けた背の高い車の車輪の部分だけを持ち上げて、車輪をクルクル回す）

大人　　：クルクルクル、クルクルクル……

上記は大人が子どもの行動に合わせて効果音をつけている場面の会話の例を示しています。途中から子どもがブロックで作った背の高い車を壁に向かって投げつけているのですが、大人はこの行動には効果音をつけませんでした。その後、子どもが車輪をクルクル回して遊びはじめたところで、効果音を再開しています。このように大人が子どもの行動に効果音をつけることで、子どもが遊び活動から得られる**強み① 本人への良い影響**を高めることを目指しています。

② 子どもの行動をまねる

　子どもが1歳から2歳にかけて、だんだんと大人の仕草や行動を模倣するようになるのですが、大人にとっては幼児期の子どもが自分の行動を模倣してくれるというのはとてもうれしいものです（大人にとっての**強み① 本人への良い影響**が生じます）。しかし、子どものコミュニケーションの発達の状況によっては、模倣行動がなかなか出現せず、模倣を促す大人が結果として空振りに終わってしまうこともままあります。子どもにとって、まだ相手への関心が十分高まっていないのかもしれませんし、ヒトの生物学的な動き（biological motion［★1］）への感受性が典型的ではないのかもしれません。しかし、ストレングス・トークでは、子どもの能力の困難さをどうにかする技法を提供することはできません。たとえ子どものコミュニケーション能力に課題があったとしても、その子どもが周囲の大人や子どもと"良い影響"を及ぼし合えるような、楽しく充実した時間にするための工夫を考えていきます。

　子どもが大人の仕草の真似をしてくれたら、大人はうれしく思い、よりいっそう子どもを愛おしく思うわけです。模倣行動がこうした良い影響の連鎖を生むのならば、模倣されることの楽しさをまず子どもに先に感じてもらうのはどうでしょう。大人が子どものちょっとした活動を模倣していくのです（これを「逆模倣」というようです）。子どもは遊びの中で自分の行動の一部が模倣されていることに気づくと、徐々に相手に関心をもつようになる可能性があります。大人は子どもの真向かいに座り、子どもが選択したおもちゃや道具と似たようなものを選びます。そして、子どもが遊びの中でそれを動かすたびに、まるで鏡写しのように子どもの行動を模倣します。多くの場合、子どもは自分の行動の模倣をする大人がいることに気づき、相手への関わりを高めていく可能性があります。さらに大人は、子どもが発した喃語やさまざまな発音も模倣していきます。ただ、子どもがあまり好ましくない言葉を発したり、おもちゃを破壊的に扱ったりした場合は、模倣するのを止めます。大人からの模倣は子どもの好ましくない行動をも強化してしまうからです。もちろん、子どもが「悪くない行動」や「悪くない言葉」を発したならば、すぐに模倣を再開します。

［★1］
ほかの生物個体の活動から抽出された動きのことで、ヒトがこれを認識することが共感やコミュニケーション、他者の意図を理解するための重要な脳科学的プロセスを形成していると考えられています。

　遊びスキル① 子どもの行動に効果音をつける、② 子どもの行動をまねる、はどちらも子どものコミュニケーション能力の発達の度合いによらず使うことができ、大人と子どもが楽しく遊ぶ時間をもつことを助けてくれるでしょう。

③ 子どもの感情を言葉にする

　こんなことを書くと驚かれるかもしれませんが、先にも触れたように、ストレングス・トークでは支援者が当事者を褒めることにあまりこだわっていません。「すごいね！」「えらいね！」というような一般的な褒め言葉を使うことを強調していないのです。もちろん、そのように子どもを褒めてもよいのですが、一般的な褒め言葉は大人や支援者側の"期待のスポットライト"に照らされた明白な強みに向きやすいと思われるのです。ストレングス・トークでは、期待のスポットライトに照らされていない"隠れた強み"を探すことを目的としていますので、当事者である幼児期の子どもが何らかの良い影響を受けたかどうかに注目していきます。遊びの中で子どもが少しでもポジティブな感情を感じたと思われる瞬間を見つけ、子どもが感じた感情を想像していきます。そのためには、その子どもが少しでもポジティブな感情を感じた時にどのような行動変化を見せるのかを普段から見ておくことが必要かもしれません。

■ 遊びスキル③ 子どもの感情を言葉にする

子ども：（おもちゃ箱の中をしばらくかきまぜ、何かを探している。そのうち、おもちゃ箱の中から新幹線のおもちゃを取り出し、おもちゃをじっと凝視して車輪をクルクル回す。その後、相手のほうを見てほんの少し笑い、新幹線のおもちゃを頭の上に持ち上げる）

大人　：わあ、見つけた！　うれしい！

子ども：（新幹線のおもちゃを押したところ、手を離しても30cmほど勢いで進む。声を出して笑い、新幹線のおもちゃをハイハイしながら追いかける）

大人　：やった！　やった！　走った！　おもしろーい！

　上記に示したように、子どもの感情を表すといっても、感情そのものを表す言葉だけでなく「わぁ！」「きゃあ！」「やった！」などの感嘆詞や擬音のような音などもフルに使いながら、喜び、うれしい驚き、達成感などを表現していきます。

子どもにとっては、自分の中にポジティブな感情が起きた瞬間に大人が反応してくれるため、一人遊びを起点にして徐々に大人とのつながりを感じやすくなり、楽しい相互作用を作りやすくなるでしょう。もっとも、大人が言葉にするのはポジティブな感情だけで、子どもが機嫌を損ねたり、イライラしたような様子を示したとしても、ネガティブな感情を言葉にする必要はありません。

④ 大人の感情を言葉にする

　子どもと遊ぶ際に大切なことは、子どもを楽しませようとするよりも大人自身が遊びを楽しむことでしょう。子どもの遊びを観察している時に、大人自身が少しでも楽しさやうれしさを感じたら、即座に言葉に出していきます。子どもの行動を褒めるというより、子どもの行動を見て喜んでいるところをそのまま言葉にするという感じです。子どもが"期待のスポットライト"通りにふるまった時に褒めることを目指すのでなく、子どもの遊びに一切の期待から自由な状態で立会い、大人自身への良い影響をただただ言葉にする感じを目指してみてください。

■ 遊びスキル④ 大人の感情を言葉にする

子ども：（新幹線のおもちゃに勢いをつけて走らせることを繰り返している）
大人　：わぁ、新幹線って速いねぇ〜！　ビックリ！
子ども：（新幹線のおもちゃを大人に渡す）
大人　：あら。パパにくれるの。うれしいなあ

　上記では、子どもを褒めるというよりは、子どもの行動に刺激されて大人の中に生じたポジティブな感情について一言だけフィードバックしています。子どもにとっては、自分が何かするたびに喜んでくれる大人を目にすることで、よりその行動が強化されたり、遊びへの集中や活発さも維持されやすくなるでしょう。子ども自身が大人に対して良い影響を与えていることを実感すればするほど、大人の存在にさらに関心を高めるチャンスを増やすことができるかもしれません。
　また、③子どもの感情を言葉にする場合と同様に、大人が少しでもネガティブな感情を感じた際には、極力そのことを言葉にしないようにしてもらいます。子どもの行動の中にいただけないものが混じっていたとしても（例：おもちゃを乱暴に床に投げつける）、それが人に向かうような危険な行動でない限り、無反応を貫

いていきます。これまでの遊びスキルを応用していけば、子どもはどんな行動をとっていたとしても、大人から何らかの反応を得ることができます。そのような中、子どもがいただけない行動をとった際に大人が無反応を貫くことができれば、問題となる行動"以外の"行動をすべて強化していくことができます。このことを、応用行動分析（ABA）では他行動分化強化（Differential Reinforcement of Other behavior：DRO）と呼んでいます。

⑤ 環境への良い影響を言葉にする

　子どもが遊んでいる最中に、子どもが何らかの形で周囲の人々に貢献できるような行動をとることがあります。このような場面でもストレングス・トークでは、「すごいね！」「えらいね！」といった一般的な褒め言葉を伝える代わりに、子どもが引き起こした周囲への良い影響としてどんなことが起きたのかを吟味していきます。

■ 遊びスキル⑤ 環境への良い影響を言葉にする

子ども：（降園し、幼稚園バスから降りたあと、バス担当の先生に子どもが手を振っていると、先生が子どものほうを見てニッコリ笑っている）
大人　：見て！　バイバイしたらバスの先生もうれしそうだね！

子ども：（新幹線のおもちゃを大人に渡す）
大人　：あら。ありがとう。これでパパも新幹線で遊べるよ！

　上記の声かけの例においても、一般的な褒め言葉を使わずに子どもの行動に対してフィードバックをかけています。子どものバイバイの挨拶が先生をうれしくさせていることや、子どもが新幹線のおもちゃを大人に渡したことで大人も遊びに参加できるよう促していることなど、子どもの行動の環境への良い影響を説明しています。こうすることで、子どもたちは自分の行動が良い行動なのかどうかを知るだけでなく、自分の行動が「なぜよいのか」について学習することができます。

2-5 | 事例：かんしゃくの多いE君（4歳男子）

　E君のお母さんがストレングス・トークのワークショップへの参加を申し込んできたのは、E君が4歳の時でした。当時相談していた子育て支援機関のソーシャルワーカーに勧められて関心をもったようです。E君にはごく軽度の知能発達のゆっくりさがあると指摘されており、保育園ではかんしゃくを起こして保育士の指示に従わないことが多いと聞いていました。保育園にお迎えに行くたびに「帰らない！」と言って降園をいやがるため、お母さんはある日、お迎えに来たその場で急に怒りはじめ、E君に大きな声で「どうして、いつもいつもこうやって言うこと聞かねえんだよ！」と怒鳴りつけて、E君の頭を平手で叩いてしまったようです。この様子を見た保育士から地域の子育て支援機関に情報提供がなされ、E君親子は療育センターを紹介され、発達検査によるアセスメントを受けています。

　相談に行った療育センターでは「発達に遅れがあり、指示が通りにくいのは仕方がない。幼児期の子どもへの暴力的な対応は心身ともに悪影響が大きいから、子どもを叩いてはならない」と繰り返し指導され、お母さん自身も子どもに対して荒っぽい対応をしてしまいがちなことを反省するとともに、自分自身のことについては「私は良いお母さんになれない」と感じ、罪悪感と無力感がないまぜになったような気持ちを抱えていました。

　ストレングス・トークのワークショップでは、お母さん自身の"隠れた強み"を探すことに少々時間を要しましたが、どんな人でも"期待のスポットライト"に照らされた範囲で強みを探しがちであるということについては得心したようで、お母さんはワークショップの感想文に「私自身が周囲の"期待のスポットライト"に照らされている気がします」と書き、**強み③ ねがいごと**を探すワークでは「もっと気楽に子育てがしたい」を挙げていました。

　子育て支援機関のソーシャルワーカーにこのワークショップでの印象を報告したところ、ソーシャルワーカーはお母さんがワークショップに参加したこと、お母さん自身のねがいごとに少しずつ気づいたことをとても喜んでくれました。ソーシャルワーカーは、さらにストレングス・トークの「遊びスキルワークショップ」にも参加してはどうかとお母さんに勧めました。衝動的な行動が多いE君とどうやって遊べばよいのか迷うことが多かったお母さんは、すぐに「遊びスキルワークショップ」の予約を取りました。

　「遊びスキルワークショップ」にも熱心に取り組みましたが、5つの遊びスキ

ルがあることを知り、「こんなにたくさんのことを子どもと遊ぶ中で言葉にする
のは難しいです」とワークショップのファシリテーターに相談しました。ファシ
リテーターから、5つの遊びスキルの中でやってみたいと思えるスキルを1つか
2つ試してみるだけでよいこと、**遊びスキル① 子どもの行動に効果音をつける**
から始めるとよいこと、大切なのは子どもが "悪くない行動" をしている時にた
くさんの声かけをして、いただけない行動がみられた時には効果音を止め、人に
おもちゃを投げたり叩いたりしない限り、静かに距離を置いて見守るだけでよい
ことなどを教えてもらいました。

　お母さんは帰宅して、E君がブロックで遊んでいる時に遊びスキルを試してみ
ることにしました。E君がブロックを組み合わせるたびに、お母さんが「シャキ
ン、シャキン」と効果音をつけてくれるのを、E君はうれしく思い、いつも以上
に集中して遊びました。E君はブロックを箱の中に入れる時に叩きつけるように
して入れるクセがありましたが、お母さんはワークショップで習った通りに反応
しないことをこころがけました。E君は普段ならお母さんがそうした行動を叱る
のに、今回はなかなか反応しないため、何回かブロックを叩きつけていましたが、
お母さんはその行動が止まるまで無反応を貫きました。するとE君は再びブロッ
クを組み合わせはじめたため、お母さんは「シャキン、シャキン」と効果音をつ
けはじめました。E君は何事もなかったようにおとなしく遊びはじめたため、お
母さんは内心驚いていました。

　実際の生活でも、E君がかんしゃくを起こした時に、お母さんは少し時間を置
いてからゆっくりと話しかけることが増え、激しく叱りつけることが減ってきま
した。子育ての中でうまくいかないことがあると不安になることは多いですが、
家事の手が空いた時に子どもの遊びに2〜3分程度付き合うことが増えました。
今は子どもが遊びの中で良い表情を出した時に**遊びスキル③ 子どもの感情を言
葉にする**を練習してみています。

第 3 章

【実践編Ⅱ】

学童期

安全・楽しみ・快適さを保証する

StrengthTalk

3-1 学童期の子どもとその家族との出会い

　学童期（本書では小学校に在籍している時期とします）の子どもが支援者と出会うのは、学校、学童保育、教育センター、小児科や児童精神科の医療機関、場合によっては児童相談所や子育て支援機関など、さまざまな教育・医療・福祉の現場が考えられます。多くの子どもたちが、みずから望んで相談につながるというよりは（もちろん子ども自身が懸念を自発的に相談する場合もあるのですが）、大人たちの懸念によってドライブされ、支援の現場の入り口まで手を引かれるようにしてたどり着いています。学童期の子どもの多くが、ある程度の意思疎通能力を日常生活場面で駆使することができますが、自身の懸念や困難さとなると、それらをまとまりよく他者に説明することがままならない場合が少なからずあるでしょう。

　学童期には、幼児期にはクローズアップされることの少ない学習に関連した活動に取り組む困難さに焦点が当たりやすくなるでしょう。話し言葉でのコミュニケーションになんら問題がなくても、文字を中心とした大量の情報を処理しきれないことが就学後に初めて気づかれることは、まったく珍しくありません。また、授業への「やる気のなさ」と受け取られるような態度をとる子どもが学習の困難さをもつことがしばしばあります。

　幼児期に比べ、圧倒的にじっとしているべきとされる時間が増えるのも小学校生活の特徴です。幼稚園・保育園でさほど行動の問題を指摘されていなかった子どもでも、45分間の着席を短い休憩を挟んで5回も6回も繰り返すとなると、難しさを感じる場合がしばしばあると思います。また、全校集会や学年集会、運動会の練習など、かなりの時間を立って過ごさなくてはならない活動の機会も増えます。子どもが自分の居場所を固定される時代、それが小学校時代なのかもしれません。

　さらに、いじめの問題は小学校生活の最も重大なリスクと言えるでしょう。文部科学省の調査によると、平成29（2017）年度に全国の小学校で認知されているいじめの件数は31万7,121件であるのに対し、中学校では8万424件、高等学校では1万4,789件と小学校がずば抜けて多いことがわかります。[8]しかも、平成29年度のいじめ認知件数は史上最多となっており、平成23（2011）年度の件数（小学校3万3,124件、中学校3万749件、高等学校6,020件）に比して小学校では10倍近くに膨れ上がっています。[8]小学校は今や、子どもたちの安全の確保という点において強い懸念がある環境になっているのです。いじめの被害を受けていても"認知"されていないケースが相当数あることを考えると、絶望感を抱くほど多くの

子どもたちの安全が脅かされていると考えるべきでしょう。いじめの被害を受けた子どものケアだけでなく、加害者側への支援が、再発を防ぐためにも、加害者側の子どものニードを探るためにも必要であることは言うまでもありません。

3-2　ありがちな関わりと懸念

　子どもたちは小学校に入学することで、さまざまな規範にさらされることになります。親に任せきりだった持ち物の管理、学校のスケジュールに合わせて動くこと、提出期限のある宿題など、さまざまな活動に自律的に取り組めるようになることが求められます。しかし、一定の割合で、それらの規範通りにふるまえない子どもたちが出てくるわけです。彼らは授業中に教室を飛び出し、教科が変わってもその前の時間の教材を机上に出しっぱなしにし、登校や教室の移動時に遅刻し、提出すべきプリントを失くすかもしれません。大人たちは小学生として最低限度のルールのみを提示していると考えていますから、こうした、学校活動のルールに乗りきれない子どもたちは"指導という名の批判"を受けることになります。ここでの懸念は、ルールを守れなかった子どもたちが大人たちから批判的なメッセージを受け取ることでもありますが、"指導という名の批判"が、行動の問題の解決のためのプロセスを生み出すような具体的なアイデアについてほとんど取り扱わないことが多いのが最も気にかかります。

　縄跳びの苦手な子どもが、縄跳びの跳び方を教わらないまま、縄跳びの縄が足に引っかかるたびに大人たちから批判のみを受けていたとしたら、それは教育と呼べるでしょうか。もちろん呼べません。なのに、どうして"指導という名の批判"ばかりが横行するのでしょう。それは――おそらく暗黙のうちに――子どもたちが何かに取り組めないのは、その意思がないからだ、という信念に大人たちが支配されているからではないでしょうか？

　行動の問題をもつ子どもたち自身も本当は悩んでいることが多いものです。そして、彼らはうまくふるまうための"やり方"がわからない（教えられない）まま、大人たちは子ども側の懸念を見過ごしてしまいがちです。

　さまざまな問題のために悩んでいる子どもたちと家族が、子どものこころと発達の医療につながるケースの数は、右肩上がりで増え続けています。その結果、医療機関で何らかの発達障害や精神障害の診断を受ける機会もまた増えています。この背景には、生活上の困難さを抱える子どもたちに狭義の医療的介入（ほぼ薬物療法のことだと思いますが）を行うことで、子どもたちの行動の問題が軽減するの

ではないかと考える大人が増えたことがあるでしょう。実際、主にADHD治療薬の台頭で「落ち着きのない子ども」とされていた子どもに薬物療法を行うことで、学級内で適応しやすくなったというケースを教師が経験すれば、そのような医療への期待感が高まるのも無理はないのでしょう。また、薬物療法だけではなく、さまざまな非薬物療法も子どもたちの生活の質を高めるために必要だという事実も浸透してきたため、医師の診断があれば教育機関での合理的配慮が得やすくなってきていると思います。しかし、子どもたちが支援を受けることが常に医療機関での診断を受けることを前提にするとしたら、それには強い懸念を感じます。

　医療機関への受診と診断を契機にして、教育機関等での合理的配慮が始められることはもちろん大切です。しかし、逆に言えば、生活上の困難さはあっても医療機関を受診せず診断のついていない子どもたちについてはどうでしょう？　診断されていないという理由だけで、あらゆる教育的支援が得にくくなっている可能性を忘れるべきではありません。私たちは、子どもが抱えている問題が大きくても、医療機関での診断がなければ、あらゆる支援が開始されにくい仕組みをもっているのではないでしょうか。

　医療機関での診断がつかないまま必要な配慮を受けられず、学校生活においてさまざまな困難さやつらい体験を重ねる子どもたちがいます。彼らは人生のかなり早期の段階から「失敗する自分」「孤立無援の自分」または「迷惑をかけている自分」などという過度にネガティブな考え方を身につけはじめます。子どもたちが日々出会う失敗体験について、周囲の大人たちからあまりサポートを得られないとなっても、子どもたちはそれが周囲からのサポート不足だとは考えない可能性があります。その代わり、子どもたちは自分に対する否定的な考え方を強化していくのです。本人も気づかないうちに、まるで真綿で首を絞められるように。ですから、医療機関での診断の有無を問わず、困っている子どもたちには手助けが必要なはずです。本書で提唱する子どもの隠れた強みを見つけながら、子どもたちを常に前向きにとらえ直すことが必要です。

3-3 ｜ 学童期の子どもの“隠れた強み”

隠れた強み① 本人への良い影響

　学童期においても、子どもはしばしば大人の期待とは異なるふるまいをします。

54

大人が子どもに対して大きすぎる／厳しすぎる期待をもっていると、それだけで この **強み① 本人への良い影響**を探すことが難しくなってしまいます。たとえば、 大人が子どもにゲームをやめてほしい、代わりにもっと勉強してほしいという期 待をもっていて、実際には子どもはそれにまったく応えていない場合。子どもが ゲームについて目をキラキラ輝かせながら話していても、それが子どもたちに とって良い影響として作用していると着想するのは、なかなか難しいのではない でしょうか。学童期においても、隠れた強みは〝期待のスポットライト〟に照ら されていない領域に隠れています。

　しかし、学童期の子どもたちは幼児期以上に自律的にふるまうことが期待さ れやすく、教科学習がスタートすることによって、学年ごと、学期ごとに到達す ることが期待される目標があらかじめ決められているため、子どもたちはますま す大人たちの〝期待のスポットライト〟を強く浴びることになります。

　学童期の子どもの隠れた強みを探す際には、子どもが楽しみ・安心・快適さを 感じ、目の前の活動への集中を高めている瞬間をとらえるのは、幼児期の子ども と同様です。学童期の子どもたちとの関わりでは、言語発達の度合いのバラツキ こそあれ、幼児期に比して言語的なやりとりが占める部分が増えます。このため、 大人は幼児期の子どもに関わる時のような運動感覚的（しばしば音楽的）な反応を フィードバックするだけでなく、多少の長めの文章を使って子どもの隠れた強み について伝えることができます（もちろん、知的発達・言語発達のゆっくりな子どもには、 その子の受け取れる情報量の範囲で伝えます）。

　学童期以上の子どもたちの行動から **強み① 本人への良い影響**を発見するには、 子どもたちの行動が〝自分助け〟になっているかどうかを判定するのがよいで しょう。

　たとえば、F君がドッジボール大会の練習に使う外履きの運動靴を忘れたこと に登校中に気づき、あわてて家に取りに戻った、という出来事について考えてみ ましょう。F君が登校前に準備をきちんとできていないと批判的にのみとらえる こともできますが、少し遅刻するかもしれないけれどF君が家に取りに戻った ことで、その日のドッジボールの練習に参加するチャンスを取り戻したと **強み① 本人への良い影響**としての要素をフィードバックできれば、F君は自分の失敗に 気がついた時に落ち着いて対処できる力を身につけられる可能性が高まるかも しれません。

【失敗にのみ着目する会話】

F君：どうしよう、運動靴忘れた！ 遅刻する！
母親：いつもギリギリに登校の準備するからよ！ いつまでこんな忘れものばかりしてるの！

【強み① 本人への良い影響に着目する会話】

F君：どうしよう、運動靴忘れた！ 遅刻する！
母親：大丈夫。あわてない。ちゃんと自分で気づいて戻ってきたから、今日のドッジボールの練習に参加できるね

　一見失敗体験にみえるような行動の中に、子どもが自分自身を助けようとしている要素を見つけて本人にフィードバックすることは、とても子どもを勇気づけるでしょう。隠れた強みはわかりやすい成功体験のみならず、失敗を体験しているまさにその時にこそ発動されており、混乱を収拾し、問題を解決する際の原動力となるのでしょう。
　では、学童期の子どもについて支援者が親と話をしながら子どもの**強み① 本人への良い影響**に気づく場合の会話例を以下に示します。

■ 強み① 本人への良い影響を家族の話から見つける場合の一例

父親　：息子は勉強が嫌いで、家でも宿題に取り組もうとしないので、この間はゲームを取り上げて私が叱ったんですよ。そしたら暴れましてねえ。ひどいかんしゃくでした。まあ、私も子どもの頃さっぱり勉強しなかったから、私に似たんですかね
支援者：宿題をさせるたびに大騒ぎが起きたんですね。これは毎度のことですか？
父親　：まあ、計算ドリルをやる時は早いですよ。早くゲームがやりたいらしく、字も雑に書いて。やっつけ仕事もいいとこですよ
支援者：計算ドリル、ですか
父親　：あの、わかります？ こういう小さいドリルで、1ページずつちぎっていくんです。1ページに少ししか問題がないんですよ

支援者：なるほど。仕上がるたびに1ページちぎる、と

父親　：いや、やる前にちぎってますね。ちょっとだけ取り組んで、さっさとゲームをしています

支援者：なるほど、問題の数が少なくて、ドリル自体の紙も小さいA5判くらいの大きさのものですね。情報量が少なくて、教材の内容が一度見ただけで視野にすべて入るくらいの情報量だと、お子さんが集中しやすくなる。まさにお子さん自身を助けてくれるようなタイプの教材だと、学習への抵抗感が減るのかもしれません。これはストレングス・トークで言うところの**強み① 本人への良い影響**に相当しそうですね

　強みというと、子ども自身のもつ"力"というイメージになりがちです。しかし、ストレングス・トークの考え方の中では、強みは子どもの中にあるとは限りません。子どもを助けるもの、子どもが力を発揮するために必要なものも立派な強みになります。そこで、特定の支援・配慮・気遣いがあれば子どもが本来の力を発揮できるという事実全体を**強み① 本人への良い影響**とカウントしていきます。ストレングス・トークは支援のための工夫に使われる概念ですから、支援に直結する教材・場面・活動など、子どもの環境における好ましい資源のリストを作るためにこそ役立ててもらえたらと考えています。

　次に、子どもとの面接の中で**強み① 本人への良い影響**を見つける場合の例を以下に示します。

■ 強み① 本人への良い影響を子どもとの面接から見つける場合の一例

子ども：学校行きたくない

支援者：そうか。4年生の時は結構元気に学校で過ごしてたからね。5年生になってからクラスの中に気になることがありますか？

子ども：またG君が僕にいやなことを言うんだ。だけど今の先生、困ったことがあっても全然話を聞いてくれないよ

支援者：4年生の時の先生はどうでしたか？

子ども：放課後によく相談室で話してた。G君が僕にひどい悪口を言ってきた時も、先生に相談したらG君を注意してくれたし

支援者：君が困った時に話を聞いてもらえると、どんな気持ちだった？

子ども：安心する

支援者：君は困ったことがあった時に話を聞いてくれる大人がいると、学校で安心して過ごせるんだよね。４年生の時の先生が話を聞いてくれたってことは、君のことを助けてくれる強みだったんだなあ

子ども：強み？　僕、別に強くないし、ケンカしても負けちゃうよ

支援者：強みっていうのはね、君のことを守ったり助けてくれたりするものでもあるんだ。５年生のクラスでも先生が君を助けてくれるためにはどうしたらいいか、相談しようか？

子ども：うーん。教室で先生に声をかけても、なんか話しにくいんだ。誰かほかの子に聞こえたらいやだし

支援者：もし、４年生の時みたいに相談室で話せたらどうだろう？

子ども：誰もいないほうが話しやすいよ

支援者：誰もいない部屋だと君も話しやすくなる。これも強みになるかもしれないね。私から担任の先生に提案してみてもいいかな？

子ども：うん

　子どもが困った状況にある時の会話こそ、**強み①　本人への良い影響**を探すように話してみます。子どもがつらい状況にある時こそ、「状況さえ整えば自分はうまくいく」ということをあきらめてほしくないからです。ストレングス・トークでは、隠れた強みは子どもにとってハッピーではない状況からも探せます。そうして見つけた強みが子どもの希望につながるよう、支えていきたいものです。

　先述のとおり、就学後は教科学習が始まるため、子ども同士で個人の能力の違いを感じる子どもが出てきます。なにせ30人以上の学級で同じ内容の課題に取り組むわけですから、すべての子どもたちが授業の内容にうまく乗れなくても不思議ではないわけです。学習の課題に抵抗を感じる子どもの多くは、単に面倒くさがっているわけではなく、ほかの子どもたちと同じように努力をしても読み書きや計算が身につきにくいという可能性を考えるほうがよいでしょう。実際、音読の課題や漢字の書き取り課題などについて、ほかの子どもと同じだけ練習しても音読のスピードが遅く、せっかく枠の中に何度も書いた新出漢字をすぐに忘れてしまうといった体験を繰り返しています。こうした子どもたちは学習に取り組むことが自分の役に立っているとは思えず、徐々に無力感を高めがちです。すべての子どもたちに同じ教材を用いて同じ内容の授業をし、同じ分量の宿題を同じ締め切りで提出させることを目指す限り、繰り返し生じてしまう現象です。

　とはいえ、学習活動に抵抗を感じやすい子どもたちの支援においても**強み①本人への良い影響**を感じさせることは可能です。そのためには、大人が子どもの学習内容について評価する際に、同じ学年の学習活動への懸念がない子どもたちのパフォーマンスと比較するという習慣を変える必要があります。代わりに、支援を要している子ども自身の過去のパフォーマンスと比較していきます。

【ほかの子どものパフォーマンスと比較する】

子ども：漢字ドリルできました
先生　：これでできたつもり？　漢字のとめ・はね・はらいがまだ全然できていないわ。あなたのクラスメートたちはとっくにできていることよ
子ども：……

【子ども自身の過去のパフォーマンスと比較する】

子ども：漢字ドリルできました
先生　：前よりも早めに提出するようになったね！　どれどれ……最近、漢字の読み仮名がよく書けるようになったね。ところで、この漢字の書き取りをさらにカッコよくできるポイントがあるんだけど……知りたい？
子ども：教えてください

　子どもの学習活動のパフォーマンスがほかのクラスメートに比して劣っている場合こそ、「子ども自身の中の良い変化」を子どもに気づかせる必要がありますし、その変化を起こしたのがまぎれもなく子ども自身であることを強調していきます。実際には子どもの音読のしやすさ、書き取りのしやすさに配慮した教材の工夫（文字の大きさ、色、書体、1枚当たりの問題数など）や課題レベルの調整を行ったうえでこうした関わりが生まれるとよいでしょう。

隠れた強み② 周囲への良い影響

　小学校に上がる頃には、子どもたちは人の感情を表すさまざまな言葉を理解し、

使いはじめていることでしょう。幼児期においては子どもの行動が周囲に良い影響を与えているということを周りにいる人の態度から読み取っていましたが、学童期になると周りにいる人の言葉からも自分の行動が周囲にどのようなインパクトを与えているのか理解できる力がついてきます。ですから、学童期の子どもたちには、子どもの行動が周りにいる人の感情にしっかりと良い影響をもたらしているということを言葉で伝えていくことが有効です。下記に、一般的な褒め方と、感情にフォーカスした**強み② 周囲への良い影響**の伝え方の比較を示します。

一般的な褒め方の場合	感情にフォーカスして強みを伝える場合
子ども：おはようございます 先生　：うん、ちゃんと挨拶できてえらいね	子ども：おはようございます 先生　：今日も元気そうだね！先生はうれしいよ！
子ども：パパ、見て（自分で作った折り鶴を見せる） 父親　：おう、こんなに小さな鶴を折れるんだ、すごいね	子ども：パパ、見て（自分で作った折り鶴を見せる） 父親　：おう！パパはこの小さい鶴がかわいくて好きだなあ

　一般的な褒め方も、感情にフォーカスした**強み② 周囲への良い影響**の伝え方も、実はどちらも適切な関わりだと思います。一般的な褒め方には何の問題もありません。感情にフォーカスして**強み② 周囲への良い影響**を伝える場合は、大人が"本当にポジティブな感情を感じている"ことが絶対条件です。一般的な褒め方は多少"流す"ような言い方でも褒める文章を生み出すことができますが、とりあえず褒めるために褒めるような形式になってしまいます。感情にフォーカスするということは、子どもから差し出されたほんのささやかな手がかりをみて、大人の中にポジティブな感情が生まれるだけのゆとりが必要です。感情にフォーカスする伝え方は、それだけ"正直な"表現ということにもなるでしょう。
　感情にフォーカスした伝え方ができるようになるためには、どんな準備が必要でしょうか？　下記に示します。

■ 感情にフォーカスした強み② 周囲への良い影響の伝え方ができるための準備

> ・大人自身の心身の健康がある程度保たれているか
>
> ・大人に時間的・物理的・精神的ゆとりがあるか
>
> ・大人が子どもに厳しすぎる〝期待のスポットライト〟をあてていないか

　大人自身の心身の健康は大事です。とくに睡眠不足は大敵です。私は当直明けの日曜日に子どもたちと遊んでいても、子どもたちの行動にはろくに目を向けることができません。まさに「心ここにあらず」となります。褒めるのが上手ではないと思い込んでいる親御さんたちの中には、ひどく疲れがたまっていたり、眠れていなかったり、心身の健康に懸念がある場合が少なくありません。親御さん自身の**強み① 本人への良い影響**を発動させて、セルフケアのための行動を起こす必要があります。

　大人が切羽詰まった状況、とても急いでいるような状況においては、感情にフォーカスした伝え方を実行するのはとても難しいです。朝の出勤時間、子どもにも朝ご飯を食べさせ、自分も着替えてお化粧をし、仕事に出かける準備をしている時に、子どもが「ねえ、折り鶴できたよ」と言って近づいてきても、それに反応してあげることすら難しいですよね。時間がない時には「ああ、しっかり見てあげたいわ。ママがお仕事から帰った時にもう一度見せてくれる？」などと正直に伝えるのが安全です。

　厳しすぎる期待のスポットライトは、ストレングス・トークを用いた隠れた強みを探すことの邪魔をするために、対策が必要です。まずは、大人が子どもにどのような期待のスポットライトをあてているのかを明らかにします。そして、次頁に示すような表を用いて、その実現率（普段の生活で達成されていると思われる割合）を合わせて書いていきます。

期待のスポットライト	実現率
・近所の人やお世話になっている人には挨拶してほしい	95%
・嫌いなものでも残さず食べてほしい	90%
・提出物をきちんと出してほしい	60%
・漢字の書き取りで新出漢字を間違わずに覚えてほしい	40%
・大事なプリントや集金袋はすぐに親に渡してほしい	20%
・私の指示にはおとなしく従ってほしい	10%

　期待のスポットライトはこのように言葉や数値に表し、目に見える形にしてみることで、大人側がどのような場面で葛藤を強めるのかがわかりやすくなります。上記の例では、日常生活において子どもが大人の指示に反応しない時や重要な提出物の存在を報告できないことが多く、その都度子も親も葛藤を強めそうな状況にあることが伺えます。

　期待のスポットライトに伴う葛藤が強すぎると、**強み② 周囲への良い影響**を探すことが難しくなってしまいます。対策としては以下の２つがあります。

■"期待のスポットライト"が強すぎる時の対策

> ① 実現率が低い"期待のスポットライト"をいったん"棚上げ"とし、短期目標としないこと
> ② 実現率が低い"期待のスポットライト"の内容を変えて比較的やさしいものにし、実現率を高くすること

　「私の指示にはおとなしく従ってほしい」（実現率10％）を「私の指示に多少の文句をつぶやいたとしても従ってくれればよい」（実現率40％）のようにハードルを下げたものに切り替えることで実現率を上げ、親子の葛藤を少しでも減らしていこうというわけです。このような工夫をすることで大人に精神的なゆとりがほんの少しでも増えれば、子どもの**強み② 周囲への良い影響**に気づきやすくなり、大人の感情にフォーカスした伝え方もできるようになってきます。

　このように、ストレングス・トークにおける隠れた強みを見つけるためには、大人・支援者側にこそさまざまな心理的な準備が有効ということなのでしょう。

隠れた強み③ ねがいごと

　幼児期における**強み③ ねがいごと**は、行動観察から得られる情報をもとに発見されることがほとんどでしたが、小学校に上がる頃になると、言語を介したやりとりの中で子どもがみずからの**強み③ ねがいごと**を表現できるよう援助することが可能になってきます。ただ、子どもの**強み③ ねがいごと**を問う質問には工夫のしどころがたくさんあり、単に子どもにストレートに聞いただけでは、うまく引き出すことが難しくなるばかりか、ますます子どもと大人の間に緊張感を高める可能性があるため、注意が必要です。とくにリスクの高い質問の例を下記に示します。

避けるべきリスク	具体例
子どもの行動への批判とセットで聞く	「また学校休んだのね。それじゃダメじゃない！　ずっと家にいて何がしたいのよ！」
期待とセットで聞く	「また学校休んだのね。でも、本当は学校行きたいのよね？　そうでしょ？」
誘導的な質問を用いる	「今の学級に対して何か希望していることはないですか？　担任の先生と合わなくて困っているのではありませんか？」

　批判とセットになった質問ほど攻撃力の高い言葉はありません。しかも、批判とセットになった質問は、聞いている側も本当にそのことについて知りたいと思っているのかもよくわからなくなっていることすらあります。「なぜ、学校に行かないの！」という聞き方における疑問詞「なぜ」はもはや批判を増強する効果しかなく、子どもを萎縮させるか反抗的な態度を誘発するか、どちらかの結果を生み、子どもの本音を引き出す力はありません。

　期待とセットの質問も本当の**強み③ ねがいごと**を引き出すことはできません。そればかりか、親の期待を忖度した子どもが〝見せかけのねがいごと〟を作ってしまうリスクがあります。〝見せかけのねがいごと〟を実現するための支援プランなど、子どもにとってどんなに苦しいでしょうか。ですから、子どもの本当の

強み③　ねがいごとを探すための質問をする際には、大人・支援者側の願いをむしろ隠しておくくらいがよいでしょう。そして、子どもが大人の願いに反するような、賛同できない内容を答えた場合においても、そのことを発言できたこと自体に対してはポジティブな反応をしたほうが、コミュニケーションの流れはスムーズになりますし、大人・支援者側に本音を言える関係性が強化されるでしょう。

　誘導的な質問は、熱心な大人・支援者ほどよく使う傾向があるのではと思っています。大人・支援者側に「この子の願いはこうに違いない。ぜひともこの願いを支援しなくては」という強い思い入れがある場合、大人・支援者側の想定した願いと照合する機能ばかりが発動され、いつのまにか誘導的な質問が増えてしまいます。また、子どもとの対話に十分な時間をとれない場合にも同じような懸念があります。限られた時間の中で多くの情報を得ようとするならば、誘導的な質問が増えるのは十分予想できることです。話し合うための時間のゆとりをもつことも本当に大切なことです。

隠れた強み④　不器用な対処

　強み④　不器用な対処は、子どもが不適切な行動をとった際に子どもが直面していた困難な状況への対処や反応として出現します。日々の関わりの中で子どもの行動の問題を単に批判して終わるのでなく、子どもが何らかの困難な状況に直面したことがきっかけで好ましくない行動を生んでしまったと解釈することで、この**強み④　不器用な対処**が初めてみえてきます。読者の皆さんは、問題行動なのになぜ強み？　と思われるかもしれません。ストレングス・トークでは、いわゆる問題行動の多くは子どもにとって困難な状況に対するコーピング（対処）の最終産物であるとする立場から、より良いコーピングを身につける機会になったり、そもそも子どもたちがそのような困難に直面することを減らす支援を行う機会になると考えます。いわゆる問題行動さえも、貴重なアセスメントの機会や機能する隠れた強みとして活かしていこうというわけです。

　小学校に入学したばかりの子どもがしばしば教室を飛び出すとします。通常の指導であれば、その行動がいかに不適切なことかを繰り返し子どもに教え、それ以上繰り返した場合の罰を提示することがあるでしょう。しかし、それでもその子の飛び出しが収まらないとしたらどうしますか？　もっと強く指導するか、さらに重い罰を与えますか？　もうそのような指導が限界に直面していると考えたほうがよさそうです。

　いわゆる問題行動をきたした子どもの話を聞く際に最も大事なことは、子ども

に「この大人は自分を脅かす敵ではなさそうだ」と感じてもらうことです（「味方
だと感じる」必要はありません。「敵ではなさそうだと感じる」で十分です）。**強み④ 不器用
な対処**について安全に話ができる雰囲気を作るためには、以下のようなことを冒
頭で話題にします。

■ 強み④ 不器用な対処について聞き取る際に伝えること

> ・この話し合いは子どもに罰を与えることが目的ではない
> ・ここで話し合われた内容が本人に無断で他者に伝わることはない
> ・つらい状況に向き合った時にさまざまな行動の問題が生じることがある
> ・話をしていて子どもが苦しくなったら、いったん話し合いをやめる

　罰を与えることを目的としない大人がいる、ということを子どもに感じてもら
うこと自体が子どもを落ち着かせます（**強み① 本人への良い影響**に相当します）。とに
かく警戒心や恐怖心を和らげない限り、有益な情報について語ることは難しいわ
けですから、子どもの不安や緊張を緩和するためなら、さまざまな工夫をこらし
て話をしていきます。また、話し合われたことについての秘密が守られるという
こと（ただし、子どもに生命の危険が迫っていると判断した場合は、この限りではないことも
伝えます）も、子どもにとっては重大なポイントになるでしょう。もちろん、話
し合われた内容のうち、ほかの人たちにもシェアしたほうがよいと同意が得られ
た内容については、何を・誰に・いつ・どうやって伝えるのかを決めます。
　子どもが直面した困難な状況に対する対処や反応としてさまざまな行動の問題
が起きうるというモデルを伝えるのは、子どもが自身の行動の問題に対して抱い
ている過剰な罪悪感を少しでも緩和していきたいからです。行動の問題を呈する
子どもにとっては「このような悪い行動をとるのは世界で自分くらいだ」とさえ
感じて孤立感を深めていることがしばしばです。そのため、「行動の問題は自分
が悪い子どもだから起きたのではなくて、自分が困難な状況に直面したから生じ
たのだ」というモデルで考えることによって、子ども自身がこの問題に取り組む
ためのモチベーションを高めていきたいのです。
　実際の学童期の子どもとの会話から**強み④ 不器用な対処**を探す時の例を次頁
に示します。

■ 強み④ 不器用な対処を子どもとの会話の中から探す

父親　：さっき担任の先生から電話があってね。最近、Hが授業中に教室からいなくなることがあるって言うんだ。実際にはどうなんだい？

子ども：そうだよ

父親　：うん、そうか。担任の先生もパパも、Hのことを叱ろうとしているわけじゃないんだ。Hが教室からいなくなるのは、Hが何か困ったことに出くわしたからかもしれないと思ってね

子ども：いや、別に……

父親　：少しでも教室で困ることがあるなら、パパと相談できるよ。もちろんHが秘密にしておきたいことは誰にも言わないよ。Hが命の危険にさらされてない限りね

子ども：そりゃ、命の危険っていうことはないよ

父親　：そうか。それならよかった。じゃあ、授業中に何か困ったことでも？

子ども：なんだか、じっとしてると足がムズムズして動きたくなるんだ

父親　：なるほど、そのムズムズして動きたくなるっていうのは、普段からしょっちゅうあるのかい？　そういえば、先週の授業参観では少しだけ手足をソワソワ動かしてたね

子ども：体育とか、図工とか、何か身体を動かす活動の時はいいんだ。座って勉強してると、授業が半分終わったくらいからムズムズしてくる

父親　：それは大事なことを教えてくれたね。教えてくれると、パパもHにどうしてあげたらいいか、一緒に考えることができるからね

　上記の会話のように、**強み④ 不器用な対処**の中身を聞き出す時は、話し合いの冒頭に伝える内容を工夫して、子どもがなるべく正直に語れるように援助する必要があります。そのためには大人の懲罰的な態度、権威的な態度は逆効果になる恐れがあります。子どもにとって、大人（親・教師・その他の支援者等）が敵ではないと感じさせ、話し合いの秘密を保証し、さらに行動の問題の背景に何らかの困難な状況が隠れていると予想していることを子どもに伝えることは、いずれも**強み④ 不器用な対処**の情報収集に役立つコツと言えるでしょう。

3-4 ストレングス・トークの コミュニケーションへの応用
── デフォルトの自分を確かめる

① デフォルトの自分を構成する「根拠のない自信」と「ささやかな満足」

　すべての子どもは、自分の存在についての「根拠のない自信」や自分の生活の中で「ささやかな満足感」を得られる場面をもてるように援助されるべきだと考えます。決して特別な才能に溢れているわけでなくても、勉強が得意ではなくても、クラスメートと一緒に遊ぶのがやや不器用だったとしても、すべての子どもは、自分自身がさまざまな場面で安心でき・楽しく・快適に過ごすことができると知るべきです。安全・楽しみ・快適さが保証されるだけでなく、子ども自身がそのことに十分気づいていることが、他者の安全・楽しみ・快適さを守るべく行動できるための必要条件になると信じています。これは、それらがまったく守られていない場合に何が起きるかを想像すると理解しやすいでしょう。

　もし、子どもの安全が守られず、十分な楽しみや快適さが保証されないことがあったとしたら、その子どもは自分のことをどんなふうに感じるでしょうか。自分という存在を良いものと感じることが難しくなるのではないでしょうか。子どもがちょっとしたストレスを感じた時、周囲の大人に安心させてもらえた記憶が乏しいとしたら、その子はいったいどうやってほかの人を安心させるための行動をとったらよいかわからないかもしれません。子どもらしい遊び活動を通して楽しい時間を過ごした記憶が乏しいとしたら、その子はほかの子が楽しそうに過ごしている姿を見てどう思うでしょうか？　生活するうえでの快適さが十分確保されず、あまりにも我慢することが多すぎたとしたら、その子はほかの子に必要な快適さのために配慮することができるでしょうか？

　つまり、周囲とポジティブなつながりをもち、調和的に生きていくことが可能になるためにも、子どもが自分の生活にある程度の満足を感じ、自分の存在をそこそこ良いものと思えることから確かめていく作業が必要です。万が一「根拠のない自信」や「ささやかな満足」を感じることを阻害している要因があるならば、早急に問題解決が必要となります。

　「根拠のない自信」は決して万能感のことではありません。自分にはできることと苦手なことがあるけれども、**強み① 本人への良い影響**となる自分に見合った環境と課題さえあれば、じっくりと成長でき、**強み② 周囲への良い影響**を生

67

み出せる可能性がある……という信念のことです。子どもが何らかの課題にチャレンジしていて、それなりに練習しているのにうまくいかない場合に直面したら、自分を責めるのでなく環境と課題に工夫が必要かもしれないと気づいてほしいのです。そもそも、環境や課題に対して子どもに合った配慮を求めるということをごく自然なことと受け止められる援助が必要です。

　子どもが何かの課題に取り組んでいる中で**強み① 本人への良い影響**および**強み② 周囲への良い影響**を見つけるたびに、大人は子どもにその内容を言語化して聞かせていくとよいでしょう。ありがちな通常の会話と、「根拠のない自信」を確かめる要素の強い会話の例を下記に示します。

【通常の会話】

子ども：だめだ。この算数の問題、意味がわかんないよ
母親　：ええ、ちゃんと自分で考えたの？　どれどれ？
子ども：この文章題、どうしたらいいの？
母親　：落ち着いて問題を読み直してみたら？
子ども　わかった……（読み上げる）……あ！　そっか！　わかったぞ
母親　：まったく……ママが教える必要はなかったね
子ども：もう大丈夫！　はい、できた！
母親　：ずいぶん早く仕上げたな。ちゃんと丁寧に答えを書き込んだのかな？

【「根拠のない自信」を確かめる会話】

子ども：だめだ。この算数の問題、意味がわかんないよ
母親　：うん、そうやって"わからないよ"って言ってくれると、ママもいつ君を手伝えばいいかわかるわ(強み② 周囲への良い影響)。どれどれ？
子ども：この文章題、どうしたらいいの？
母親　：よーし、まずは問題を始めから終わりまでもう一度声に出して読んでみよう
子ども：わかった……（読み上げる）……あ！　そっか！　わかったぞ
母親　：これからも長い文章題を見てわからなくなったら、もう一度ゆっくり読んでみると君の助けになりそうね（強み① 本人への良い影響）
子ども：もう大丈夫！　はい、できた！
母親　：君はコツをつかんでしまったら算数の問題を解くスピードが速くな

るんだね、<u>あんまり速いからママは驚いちゃったわ</u>（強み② 周囲への良い影響）

　上記の２つ目の会話例をみると、子どもがありのままにふるまっている姿から**強み① 本人への良い影響**と**強み② 周囲への良い影響**を見つけ、大人が強みの内容についてナレーションをしています。このように、特別な努力をしているわけでもない、子どもの普段通りの行動の中にこそ**強み① 本人への良い影響**と**強み② 周囲への良い影響**を見つけるヒントが隠されています。このような会話を増やすことで、子どもは日々当たり前の行動をとっているだけで周囲の大人たちから「根拠のない自信」を高めてもらえるわけです。こうした「根拠のない自信」を高める会話を視覚化したワークシートを見せながら関わると、なお子どもにとってわかりやすいでしょう。

　下記に「根拠のない自信」を高める会話を視覚化したものの一例を示します。

　　強み① 本人への良い影響を見つけた際には、吹き出しの中にその内容を書き込み、吹き出しから子どものほうに矢印を書いています。また**強み② 周囲への良い影響**を見つけた際には、吹き出しの中にその内容を書き込み、子どもから大人に向けた矢印を書いています。矢印をつけた視覚的なワークシートを用いることで、子どもが周囲の環境と双方向的な関わりをもっていることを伝えようとしています。

　次に、「ささやかな満足」についてです。あくまでも「ささやかな」満足ですから、子どものすべての願望が満たされているという感覚を目指すわけではありません。子どもが自身の生活を振り返り、不満に思うことは多々あれど、基本的な安心・喜び・快適さ（まさに**強み① 本人への良い影響**）を子どもがしっかりと味わうことができている場面をなるべく詳細に描写していく作業が必要になります。支援の必要な子どもたちは日々の困難さがあまりに著しく、「ささやかな満足」を実感できていたエピソードの記憶が覆い隠されているかもしれません。だからこそ、この「ささやかな満足」についても、大人は**強み① 本人への良い影響**を見つけるたびに強みの内容をナレーションしていきます。ありがちな通常の会話と、「ささやかな満足」を確かめる要素の強い会話の例を下記に示します。

【通常の会話】

子ども：おはよう
父親　：おう、起きたかい。ずいぶん遅くまで寝ていたんだな
子ども：うん。ふああ、よく寝たよ
父親　：日曜日だからって、あんまり遅くまで寝ていないほうがいいぞ
子ども：運動会のリレーの練習、結構きついんだもん
父親　：そうか、練習も大変なんだな。昨年もリレーの選手だったよね？
子ども：昨年は僕が追い抜かれて負けちゃったんだ。今年は絶対負けたくない
父親　：去年は最後のほうに失速してたしね。今年は頑張らないとな

【「ささやかな満足」を確かめる会話】

子ども：おはよう
父親　：おう、起きたかい。日曜日の朝はのんびりできて気分いいだろう（強み① 本人への良い影響）
　　　　みー
子ども：うん。ふああ、よく寝たよ

父親　：日曜日はこのくらいのんびりできると<u>平日の疲れがとれるよ</u>（強み① 本人への良い影響）

子ども：運動会のリレーの練習、結構きついんだもん

父親　：そうか、練習も大変なんだな。昨年もリレーの選手だったよね？

子ども：昨年は僕が追い抜かれて負けちゃったんだ。今年は絶対負けたくない

父親　：去年負けたことを思い出すと、<u>リレーの練習がきつくても頑張る気力が出てくるのかもしれないね</u>（強み① 本人への良い影響）

　日曜の朝にのんびりと過ごすことの効用を伝える、休日のありふれた会話です。また、去年リレーで負けてしまった悔しい思いでさえ、今年の練習のモチベーションにつながるという**強み① 本人への良い影響**を父親が見つけています。隠れた強み探しは、限られた情報からたくさんの仮説を立てていく作業です。昨年の負けが本当に今年の練習のモチベーションにつながっているのかどうか、推測的な文章を用いて（〜かもしれないね）仮説として伝えています。ポジティブな結論を推測されることは、子どもにはむずがゆい思いをさせるかもしれませんが、子どもをポジティブな視点からみようとしている大人の存在自体が子どもに**強み① 本人への良い影響**を与えると言えるでしょう。

②デフォルトのねがいごと

　「デフォルトの自分」とは、ストレスのかかっていない状態の子どものありのままの姿です。**強み③ ねがいごと**をたくさん手にしていたはずの子どもたちがさまざまな失敗体験やストレスフルな出来事を経験するたびに、そのねがいごとが見えなくなってしまうことがあります。入学当初は「勉強頑張るぞ！」と思っていた新１年生が、あまりにも漢字の書き取りに手間取るうちに「僕には国語の勉強は無理……」という信念が優勢になるかもしれません。こうなってくると、自分なりに学習に向けていた意欲や願いが徐々に薄れてしまうかもしれませんし、子どもは失敗につながりそうな願いを隠す傾向があると思います。小学校生活では学習や対人関係面で徐々に葛藤を強めるエピソードが出現しはじめますが、こうした“困難さの歴史”が浅いうちに子どもが元来もっていた「デフォルトのねがいごと」を見失わないよう、普段から子どもとの対話の中で検証・言語化していく必要があります。「デフォルトのねがいごと」を掘り起こす会話の例を次頁に示します。

■「デフォルトのねがいごと」を掘り起こす会話

子ども：もうやだ。漢字のプリントやりたくない

父親　：おっ、もう半分以上できてるね。丁寧に書いてあるから読みやすいよ（強み② 周囲への良い影響）

子ども：いつも先生はさ、僕の字を見て「きたないなあ」って言うんだもん

父親　：なるほど。それで、今回のプリントはどんな気持ちで始めたの？（ねがいごとを引き出す質問）

子ども：ええっ？　また「きたないなあ」って言われるのはいやじゃん

父親　：そうだね、どんなふうに書こうと思ったのかな？（ねがいごとを引き出す質問）

子ども：えっ……うん……ゆっくり書けばきれいに見えるかな（強み③ ねがいごと）って

父親　：ゆっくり書いてきれいな字にしようとしたんだね（強み③ ねがいごとのフィードバック）。それでこんなに丁寧に書いていたんだね。これは疲れるのも仕方ないよ

　勘のよい大人は子どもの願いをサッと察して「君はこう願ってるんだよね？」と付加疑問文的な関わりをすることが少なくないのですが、ストレングス・トークを大人が当事者とのコミュニケーションに使って**強み③ ねがいごと**を探す際は、なるべく誘導的な質問を用いて関わらないほうがよいでしょう。子どもたちは瞬間的に大人の期待を察知して大人の質問に沿うような回答をしてしまいますし、子どもたちの中には決めつけられたように感じて否定的な反応をみせる場合もあるでしょう。

　上記の会話例では、父親が**強み③ ねがいごと**を引き出す質問を２回用いています。初回の質問「どんな気持ちで始めたの？」に対して子どもは「『きたないなあ』って言われるのはいや」と否定的な願いを答えています。この反応を**強み③ ねがいごと**にカウントしてもよいのですが、父親は再度「どんなふうに書こうと思ったのかな？」と質問しています。そのあと、子どもは「ゆっくり書けばきれいに見えるかな」と肯定的な願いを答えています。この会話例ではこの箇所を**強み③ ねがいごと**とカウントし、「ゆっくり書いてきれいな字にしようとしたんだね」と子どもにフィードバックしています。このように、ストレングス・トークでは、子どもたち自身の言葉でみずからの願いを表現することを大切にしてい

ますので、**強み③ ねがいごと**を引き出す質問を工夫していきます。

■ 強み③ ねがいごとを引き出す際の工夫

> ・誘導的な質問を避け、できるだけオープンな質問で子どもの願いを引き出す
> ・子どもが否定的な願いを表出したら、肯定的な願いに変換して表現できるよう援助する
> ・子どもが**強み③ ねがいごと**に相当する内容を表出したら、すかさずその内容をフィードバックする

　上記に**強み③ ねがいごと**を引き出す際の工夫をまとめてみました。3つ目の項目として挙げているように、子どもが**強み③ ねがいごと**としてカウントできる内容を話した際にはすかさずフィードバックをするようにその内容を繰り返しますが、この時に大人が勝手に違う言葉を使って言い換えることはなるべく避けたほうがよいでしょう。

【大人の言葉で言い換えたフィードバック】

父親　　：お母さんにどんなことを伝えようとしたの？
子ども：お母さんが僕に何か指示したら、僕がやるまでもう少し待っててほしかったんだよ
父親　　：お母さんにはもう少し静かに見守っててほしいんだね

【子どもの言葉を用いたフィードバック】

父親　　：お母さんにどんなことを伝えようとしたの？
子ども：お母さんが僕に何か指示したら、僕がやるまでもう少し待っててほしかったんだよ
父親　　：そうか、もう少し待っててほしかったのかあ

　大人の言葉で言い換えたフィードバックも、こうしてみるとそんなに悪くない

ですし、子どもが言ったことを言葉を変えて広げるという技法はしばしば用いられます。ところが、ストレングス・トークを用いた会話の中で子どもの隠れた強みに気づいた時は、子どもの言葉を用いたフィードバックのほうが、子ども自身に何が強みなのかを気づかせる効果を期待できます。また、大人の言葉で言い換えた内容は、子どもの視点からはいまひとつ"ズレた"ものに聞こえてしまうリスクもあります。ストレングス・トークにおける子どもの隠れた強みを扱う会話の中では、できるだけ子どもの言葉を子どもが言ったようにそのまま用いてあげることがよいように思います。

「デフォルトのねがいごと」には、身近な生活の中にある小さな願いから、将来の壮大な夢に至るまで、さまざまなスケールのものがあります。子どもが「デフォルトのねがいごと」を口にした際には、その内容が誰かを傷つけたり困らせるものでない限りはポジティブなフィードバックを与えていきます。中には、あまり学習に取り組みたがらない子どもが偏差値の高い中学校に入りたいと言ってみたり、少年野球の練習にさほど熱心に取り組んでいないようにみえる子どもがプロ野球選手を夢見ているということを口にするかもしれません。大人からみてあまり現実的ではないと思われる「デフォルトのねがいごと」こそ、ポジティブに返していくとよいと思います。「今の勉強の仕方では、その中学には合格しないわよ」や「あんな練習をいやがっているようでは、プロ野球選手になんかなれないぞ」などと、努力不足にみえる現実と結びつける必要はありません。どうしても「デフォルトのねがいごと」と現状の様子にギャップがあることがとても気になるようでしたら「そうか、○○中学に入りたいと思っているんだね。そのねがいごとのために今から取り組んでみたいと思ってることはあるかい？」というふうにさり気なく現状について話題を向けることも可能かもしれません。しかし、どんなに非現実的にみえる「デフォルトのねがいごと」でも、子どもがそのような願いや希望を抱き表現できること自体が子どもの現在の生活をとても豊かにしてくれますから、壮大かつ少し非現実的にみえる「デフォルトのねがいごと」については、ただただポジティブに支えるだけでも十分なように思います。

3-5 ┃ 事例：登校をしぶるＩさん（7歳女子）

Ｉさんは、小学校入学後半年ほど経ったあたりから学校に行くことをいやがるようになりました。幼稚園までは積極的な態度で子ども同士の遊びに参加していましたが、小学１年の夏休み明けから徐々に遊び相手を選ぶようになり、幼稚

園時代からの幼なじみである女子2名とのみ交流していました。なんでも、国語の時間にクラスメートの前で音読をした際に、教科書の文章の読み飛ばしが目立ち、文末を自分で変えて読んでしまうことが多く、音読している最中にクラスメートの一部がクスクスと笑っているのにⅠさん自身も気がつくようになっていたようです。また、授業の途中でプリントをくしゃくしゃに丸めたり、落書きを始めるようになりました。そして2学期に入り、Ⅰさんは朝の目覚めが悪くなり、本人を起こそうとする母親に悪態をつき、登校を拒否するようになります。

　困り果てた父母はスクールカウンセラーと相談を開始しました。登校のピーク時間をずらしての登校や保健室を利用した別室登校を提案され、毎朝父母が交代で保健室に本人を送り届ける日々が始まりました。熱心な両親は保健室での過ごし方についての1日の流れを紙に書いて本人に説明し、Ⅰさんは、両親に提示されたスケジュールをよく守り、週に3日程度は保健室への登校ができるようになりました。その後、担任の先生が国語と算数の大量のプリント教材を用意して保健室に準備するようになったあたりから、Ⅰさんは登校時に校門の前で動けなくなることが増えました。困った両親は再びスクールカウンセラーと相談し、この時にストレングス・トークのワークショップを勧められたのです。

　両親はそろってワークショップに参加したところ、子どもの隠れた強みを探す宿題にかなり苦戦しました。とくに**強み③ ねがいごと**については、自分たちの子どもが本当は何を願っているのか把握することの難しさを痛感していました。実際、子どもに「あなたはどうしていくつもり？」と何度問いかけても「わかんない……」と首を横に振るばかりでした。スクールカウンセラーに再度相談したところ、「お子さんが、**強み③ ねがいごと**についてなかなかお話しすることができない場合は、**強み① 本人への良い影響**と**強み② 周囲への良い影響**を中心に書きとめて本人とシェアする『いいことノート』を作ってみましょう。子どもたちの"当たり前の行動"がさまざまな良い影響を生み出していることを伝え記録することで、子ども自身が隠れた強みをいくつももっていることに気づいてもらいましょう」と助言され、両親・養護教諭・スクールカウンセラーがⅠさんの日々の生活から気づいた隠れた強みをノートに書き溜めていき、Ⅰさんはその中身を自由に読めるようにしました。

■「いいことノート」の記載例

できごと	よいえいきょう
Ｉさんはほけんしつで、えをかきました	Ｉさんはずっと、しゅうちゅうしてえをかいていました（Ｉさんへのよいえいきょう）
Ｉさんはおうちでおったつるをもってきて、ほけんのせんせいにくれました	ほけんのせんせいは、うれしいきもちになりました（ほけんのせんせいへのよいえいきょう）
Ｉさんはかぜをひいたママのかわりに、おさらをあらってくれました	ママはあんしんしてやすむことができました（ママへのよいえいきょう）

　両親だけでなく養護教諭もストレングス・トークのワークショップを受けた経験があり、**強み① 本人への良い影響や強み② 周囲への良い影響**を見つけて書き出すことには慣れていました。Ｉさんも大人たちが書き溜めている「いいことノート」をちょくちょく読んでいたようです。

　Ｉさんは、校門前で動けなくなることは減ってきましたが、担任の先生の用意したプリント教材に取り組んでいる最中に席を立って帰宅したいと訴えることが増えました。ここで再び両親はスクールカウンセラーと相談して１日のスケジュール表をもう一度作り直すことにしました。さらに、「何をなすべきか」ではなくＩさんが「何を目指したいか」のリストを先に作ることにしました。

■ できるようになったら、うれしいことリスト

> ・やすみじかんに、ともだちとあそぶ
> ・えんそくにいく
> ・べんきょう

　母親はこのリストの３つ目の項目にＩさんが「べんきょう」とだけ書いているのに気づき、「勉強……って？」と聞きました。Ｉさんは、「勉強、みんなに遅れ

たく、ない」とだけつぶやいて、ポツリと涙を流しました。母親は「本当は、勉強、どんなふうにできたらいい？」と聞きました。「授業が始まる時はやる気でいっぱいなのに、途中でやる気なくなる。本当は、授業が終わるまで勉強したい」と答えました。

　Bさんは、両親と一緒に1日のスケジュール表を作りました。Iさんがしっかり集中を保つために何が必要かを相談し、プリント教材に20分取り組むごとに短い休憩や養護教諭のお手伝いをする時間を設けたところ、Iさんは一日中保健室で過ごせるようになりました。これに自信をつけたIさんは、教室に戻る計画として、授業時間の真ん中で一度保健室に戻ってくるというプランを作りました。今では朝から4時間目まで教室の中で過ごし、中休みにはクラスメートとも遊ぶことができるようになりました。

第4章

【実践編Ⅲ】

思春期

大人の価値判断を
いったん脇に置いて

StrengthTalk

4-1 思春期の子どもとその家族との出会い

　思春期は子どもと大人の移行期という観点からとらえられ、第二次性徴の出現から 17 〜 18 歳あたりまでを指すことが多いようです。本書では、おおむね中学生から高校生の年齢を思春期として表記することにしています。思春期の子どもたちの心理的・精神医学的側面については生物学的・行動科学的・認知心理学的または力動的精神医学的なさまざまな視点から論じられており、支援者みずからの拠って立つ理論によって、子どもたちのみたては異なる場合が多いようです。本書では、できるだけ思春期の当事者である子どもと家族の "役に立つ" ためのヒントを提供することを主な目的としており、思春期のこころのありようを解き明かすことは目的とはしていません。思春期の子どもたちを取り巻く問題としてどのような現象が起きやすいのか、子どもたちがどのようなことについて悩みやすいのか、大人たちはどのように関わるとコミュニケーションを円滑にできるのかについて述べていきます。ここでも、"隠れた強み" を見つけるという作業が役に立っていくと考えています。

　文部科学省の調査[8]では、学校内外での暴力行為の件数が最も多いのが中学生の時期とされています（平成 29 年度のデータからは小学生の暴力行為の件数が急激に伸びており、ほぼ中学生の件数に追いつきつつあるのですが）。また、不登校の状態にある子どもは小学生では 0.54％、中学生で 3.25％と見積もられており、不登校のピークも中学生の時期にあります[8]。怒りや攻撃性の高まりと学校での生きづらさがまさにピークに達するということになります。学校内外での暴力と不登校の件数ともに、小学 6 年生から中学 1 年生にかけて不自然なほど急激に増加するため、子ども側の要因だけでなく中学校進学という教育環境の変化自体がさまざまな影響を与えているのかもしれません。

　中学生は、気分の落ち込みや興味・楽しみの喪失などを主症状とする抑うつ状態を呈しやすい時期でもあります。学童期には 0.5 〜 2.5％だったうつ病の有病率は、思春期になると 2.0 〜 8.0％にまで高くなると考えられています[9]。子どもはみずから抑うつ気分を言葉で表現できずにイライラした態度を示しやすく、抑うつ状態の結果として不登校をきたすことも十分に考えられます。

　支援の現場での思春期の子どもや家族との出会いとしては、こうした学校内外での行動の問題や、不登校をきっかけとして相談につながったケースが多くなるのは自然なことでしょう。万引きなどの触法行為、物質依存、性的な行動の問題など、より複雑な問題を抱えた子どもたちと出会うことも少なくないはずです。

4-2 | ありがちな関わりと懸念

　まず、思春期の子どもとその家族の間にとても強い緊張がある場合が圧倒的に多いように思います。そもそも相談や診療などの支援現場にしぶしぶ連れてこられているようなケースも多いので、来談した子どもたちはとても不機嫌な表情・態度である場合が少なくないでしょう。周囲からみたら望ましくない行動を起こしてしまったことについて、大人たちからかなり叱責・強い指導を受けている場合が多いですから、初めて会う支援者に対して警戒心を高めないはずはありません。

　どういうわけか「思春期の子どもにナメられてはならない」という信念をもつ支援者や教師に多く出会います。たしかに思春期の子どもたちは学童期に比べて従順ではなくなっているので、反抗的な物言いも増えるでしょう。そもそも指示に従おうとしないなど、彼らの行動をコントロールできなくなるのではないか？といった強烈な不安を大人が抱いているために、そのような信念がより強化されるのかもしれません。その結果、思春期の子どもたちの望ましくない態度や行動に対して過剰に叱りつけ、権威的にふるまうことも、ある意味、大人たちの自然な反応なのかもしれないと思います（個人的には、子どもたちに「ナメられない」ために権威的にふるまう大人よりも、子どもたちに「ナメられた」としても意に介さず、びくともせず落ち着いて子どもに接する大人のほうがよほど大人らしいと思うのですが）。

　これは思春期に限らないでしょうが、子どもの行動の問題に対して罰を多用する姿勢こそ問題にされなくてはならないと思います。理由は以下のように３つあります。

■罰を中心とした指導が望ましくない理由

> ・子どもの行動の問題を改善できる効果が乏しい
> ・子どもと大人のコミュニケーションが円滑さを失う
> ・子どものメンタルヘルスへの悪影響が懸念される

　罰の効果のように見えて、実は別の報酬が得られることが期待されるために、子どもたちが必死でその罰をこらえているという悲惨な状況がある場合もあります。たとえば全国でもトップクラスの運動部で、試合中の失敗があるたびに体罰

を行うようなコーチがいても、その運動部を退部しない場合などです。厳しい罰によって良いプレーができているのではなく、レギュラーの座という報酬をなんとしても手に入れたくて、その部にとどまっているに過ぎないのです。罰に耐えたから良いプレーができるとか、プレイヤーとして成長できたという信念を強めているアスリートたちもいるようですが、その環境を生き抜いたサバイバーとしてのつらい体験を肯定しようとする彼らなりのコーピングなのだと思います。罰を中心とした指導に耐えられず、その環境から身を引いた子どもたちはきっと異なる意見をもっているでしょう。

　もちろん、特定の集団においてほかの子どもたちの学習や生活を著しく脅かすような行動は許されるものではありません。互いの安全を確保し、悪い相互作用を避けるという目的で、行動の問題を呈した子どもに一定の時間、ほかの子どもたちとは離れて過ごしてもらう「タイム・アウト」という方法は、罰としてではなく、当事者の感情や行動がある程度沈静化（クールダウン）するまでの一時的な危機介入として必要になる場合があるのは事実です。必要な危機介入は戦略的かつ冷静に実施することができればよいのであって、罰を中心とした指導と混同されるべきではないでしょう。

　そもそも、大人が「正しいこと」を言っているから子どもが大人の話に聞く耳をもつわけではありません。子どもと大人が日頃の会話から蓄積してきたポジティブな相互作用の積み重ねがあってこそ、子どもたちは大人の話を聞くのです。あなたのことをいつも頼りにしてくれて、認めてくれる上司Ｊが話しかけてきた時と、あなたの足りないところばかりに言及する上司Ｋが話しかけてきた時とでは、あなたのこころの状態はまったく違うものになるのではないでしょうか。まだ、上司ＪまたはＫが何を伝えてくるのか知らないのに、話を聞く前から勝負が決まってしまっているのです。

　私が行った中学生を対象とした研究では、教師からみた子どもの反抗的な態度（教師が特定の評価尺度を用いて評定）は子ども自身が感じる抑うつ気分（子ども自身が質問紙で回答）と強い相関関係がありました。[10] 反抗的な行動が多いということは、メンタルヘルスへの懸念があるということにもなるのです。そのような子どもたちに対して心理的な圧迫の強い関わりを重ねることが、良い結果を生むはずがありません。反抗的な態度は、子どものこころの苦しさの裏返しかもしれないのです。罰を中心とした指導は、子どもにとってメンタルヘルスを脅かすストレスでしかありません。子どもたちはみずからの生命を守るという無意識のプロセスとしてそのような環境に反抗し、反抗する力もなくなってしまえば、その環境から退却する道を選んでしまうでしょう。

　面接の進め方にもありがちな懸念があります。思春期の子どもたちとの面接においては、子どもと先に話をするか、親と先に話をするか、または親子同時に話を聞くのか、子どもたちがどのような形での面接を希望しているのか、事前に確認しておく必要があります。しかし、この手続きを経ずに面接を開始してしまい、十分な情報が得られず、来談した子どもと家族との良好な信頼関係の糸口がつかめないといったようなことをしばしば目にします。

　また、子どもも親も同意のうえで親子同時の面接形式で開始したとしても、支援者側の関わりが大人からの発言にばかり応答してしまう形で進んでしまうこともままあります。これだと子どもが置いていかれた恰好になり、子どもとしては自分のための面接ではなかったような印象が残るでしょう。とてもよくお話をされる親御さんとあまり反論しようとしない子どもの組み合わせで、実にしばしば生じるパターンです。

　親子との面接の中では、誰がどのような内容を発言してもよいのですが、あくまで「母親は○○と思っている」「子どもは△△と感じた」という枠組みの中で、それが誰の考えや感情なのか、個人的な印象と事実を区別して表現できるように援助することが必要です。そうでなければ、特定の人物の印象がまるで事実であるかのように独り歩きしてしまう恐れがあります。個人的な印象と事実の区別があいまいな発言とその区別が明瞭な発言の例を下記に示します。

印象と事実の区別があいまいな発言	印象と事実の区別が明瞭な発言
この子はいつも弟に強く当たるんです	この子が弟には強く当たることが多いような気がするんです
怒られてばっかりだし、嫌われてるよ！	みんな、僕のことばかり怒っているんじゃないかと思うんだ
ああ、もうあいつは学校から消えればいいんだ！	私はあの子がまた悪口を言ってこないか心配なんだ。あの子が学校からいなくなったらどんなに楽かって思うよ

　印象と事実の区別があいまいな発言とその区別が明瞭な発言、どちらのほうが面接を安全に進めることの役に立つでしょうか。発言内容が誰の意見や感じ方なのかを言葉にするだけで、かなり発言の内容が穏やかに聞こえます。面接に臨む支援者は、子どもまたは大人が印象と事実の区別があいまいな発言をした場合、それが区別の明瞭な発言になるように言い直してフィードバックすることで、面接が荒れないようにコントロールできると思います。

■ 印象と事実の区別があいまいな発言に対する緩やかな修正

母親　　：この子はいつも弟に強く当たるんです
医師　　：お母様は、○○君が弟さんに強く当たることが多いと考えておられるのですか？

子ども：みんな、僕にばかり怒るんだよ！
医師　　：君は、いつも自分ばかり怒られているように感じたのかな？

子ども：あいつはもう学校から消えたほうがいいよ
医師　　：君は、その子に学校からいなくなってほしいと思っているのかい？

　印象と事実の区別があいまいな発言をそのままにしておくと、発言の内容がまるで既成事実のように独り歩きしてしまいがちです。本来、面接中のすべての発言は、それを発した人が個人的に考えたり感じたりしたことであって、それ以上でもそれ以下でもありません。面接の参加者が誰かについてのネガティブな評価に関連した内容を発言した際には、とくにこの点について注意深く振り返り、必要に応じて緩やかな修正を試みることにしています。

　また、大人が子どもの従順とは言えない態度を見た際に、実際の行動事実に加えてかなり否定的な"判断"を上乗せしたような内容のコメントをしてしまうことがあります。これも思春期の子どもと大人のコミュニケーションの円滑さを失わせる大きな要因となることが多いので、注意が必要です。否定的な判断を避け、観察された事実のみに焦点を当てたコメントをしたほうがコミュニケーションを必要以上に荒らさずに済みます。

否定的な判断を含むコメント	観察された事実に焦点をあてたコメント
お兄ちゃんが風邪をひいて寝込んでるんだから、大きな音立ててゲームするのやめて！　周りの人が体調悪くっても関係ないのね、あなたは！	テレビゲームの音、20まで上がっています。このままだと風邪をひいて寝込んでいるお兄ちゃんが目を覚ますので、4に下げてください
こら！　また○○ちゃんをいじめたわね！	待って、○○ちゃんに大きい声で「やめて！」って言ってたけど、何があったの？
テストの3日前だっていうのに、本当に勉強やる気なさそうね！	テスト3日前だね。目が半開きで手が止まってるけど、大丈夫かい？

　子どものあらゆる異変に気がついた時の第一声は、子どもの行動を見たまま、聞いたままの内容を実況中継のナレーションをするようにコメントするのが鉄則です。否定的な判断を含むコメントは、子ども側の冷静さを阻害してしまいます。大人の仕事は中立的なトーンで安全に、問題解決のための会話を切り出すことです。

4-3 | 思春期の子どもの"隠れた強み"

隠れた強み① 本人への良い影響

　子ども自身がどのような場面で楽しみ・安心・快適さを感じ、活動性が高まり、さらには自分自身を助けているのかについて着目していくプロセスは、幼児期や学童期の子どもたちに向けて取り組んできたやり方と基本的には変わりません。子どもたちの行動観察や発言の内容から推察していくこと、大人が子どもに向けている"期待のスポットライト"に自覚的であることは、思春期でこそとても大切なことだと思います。

　思春期の子どもの隠れた強みを探すうえで、幼児期から学童期までの子どもたちとの違いがあるとすれば、子どもに良い影響を与えているであろう場面や活動を見つけた場合に、大人としてはすぐには承服しかねるような対象が少なくないということがあるかもしれません。親としては、子どもが試験期間ならば、もっと多くの時間を試験の準備に費やしてほしいと思っていても、子どもがうれしそうにスマホでのゲームに興じている……といったパターンに多く気づくかもしれません。その活動が子ども本人や周囲の子どもたちに結果的に有害な作用（ゲームやインターネット使用がその子どもにとってどのくらい害になるかを査定するのはなかなか難しい作業だと思いますが）をもたらす場合には、**強み④　不器用な対処**としてカウントし、少しずつ害の少ない方法を模索することになります。しかし、**強み①　本人への良い影響**につながる可能性があり、明らかに有害とは言えない場合に、それを隠れた強みとカウントしてよいのか迷うと思います。

　まあ、すべての**強み①　本人への良い影響**に関連する活動にも、「過ぎたるは及ばざるがごとし」としてのリスクがあるものです。どんなに素敵な活動でも、それを求め行い続ければ、さまざまな懸念が生じるのは仕方のないことでしょう。バスケットボール部の練習でほかのものでは代えがたい充実感を得ていたとしても、それがオーバーワークに発展すれば中足骨を疲労骨折するかもしれません。私は学生時代から始めたジャズピアノが楽しくて仕方がなく、朝昼夜問わず練習し続けた結果、コップすら持てないほどの腱鞘炎になったことがあります。かといって、疲労骨折や腱鞘炎のリスクがあるから子どもにバスケットボールやピアノ演奏はさせるべきではない……とは判断しないわけです。練習は続けながらも、ケガをしないための予防策を考えながら取り組んでいくわけです。

　ですから、特定の活動が誰にも負担をかけずに、かつ安全に子ども自身を楽しく・安心させ・快適にさせているならば、いったんはその活動は**強み①　本人への良い影響**とカウントしてよいと思います。**強み④　不器用な対処**にカウントされるような活動とは異なり、別の行動に置き換える努力は必要ありませんが、「やりすぎ注意」といったところでしょう。

　特定の活動が子どもを楽しませ・安心させ・快適に過ごさせることを促進できているのであれば、大人たちは好き嫌いは置いておいて、その活動にまずは一定の関心を向けてみることが必要です。「私にはよくわからない……」と思われるようなものでも、子どもの大きな関心事なのであれば、一度目を向けて調べてみませんか。子どもが関心を寄せているゲーム、アニメ、アーティスト、ユーチューバー……大人からはそこまで価値のあるものに見えないかもしれませんが、ほかでもない大切な子どもたちが関心を向けているわけですから、**強み①　本人への**

良い影響を大人も実感できるような発見があるかもしれません。

　子どもの関心事について多少の〝勉強〟をしたら、そのことで子どもにほんの少し質問をしてみるのもよいでしょう。かなり会話が減っている親子の場合、素っ気ない返答があるのがオチかもしれませんが、子どもにしてみたら自分の関心事に対する質問（例：「そのゲームはなんでも世界大会まであるんだって?」）は、自分の関心事に対する批判（例：「そんなゲームばっかりやってたらダメになるよ」）よりもずっと**強み①　本人への良い影響**としての機能があると思います。多少ツレない反応ばかりが返ってきたとしても、負けずに質問してみましょう。

隠れた強み② 周囲への良い影響

　大人が子どもの関心事について質問することは、子どもの視点からは**強み②　周囲への良い影響**として機能することもあります。どんなにツレない反応しかしていなくても、子どもは批判されるよりも自分の関心事に関心を寄せられることについてはかなりの確率で**強み①　本人への良い影響**を受け取ると思われるのは先述の通りです。しかも、子どもにとっては、周囲の大人に対して自分の関心事を契機にポジティブな反応を引き起こしたことにもなります。ゲームであれ、アニメであれ、ユーチューバーであれ、自分の関心事をひとまず受け入れてもらえていそうな大人の態度を見ることは、十分に**強み②　周囲への良い影響**としてカウントすることができるでしょう。子どもの関心事についての質問をすることが2種類の隠れた強みを引き出す可能性があるわけです。

　こうした質問をする時のコツとしては、「大人である自分は、こういう分野のことにとても疎いのだけれども、あなたが関心を寄せているのであれば、俄然この分野について知りたくなってきたよ」というメッセージが伝わることが大事です。大人と子どもはどうしても縦関係になりやすく、教える側／教えられる側、注意する側／される側という一方向的な関係性が固定化しやすいのですが、子どもの関心事への質問は、これを良い意味でひっくり返す機能があります。こうしたきっかけがもととなり、子どもの関心事について双方向性の高い会話ができるかもしれないのです。

隠れた強み③ ねがいごと

　隠れた強みを探すプロセスの中で、思春期の子どもの願いを引き出すことは難易度が高くなります。思春期の子どもたちは、学齢期までに比して、みずからの

ポジティブな願いを素直に表現しにくい傾向があるからです。どうしても否定文による願いを発言しやすいでしょうし、肯定文であっても攻撃的な内容の願いを表すことが少なくありません。攻撃的な内容の願いは、ストレングス・トークでは**強み③ ねがいごと**としてはカウントしません。しかし、その内容についてしばし会話を続けることで、子どもにとっての本当の願いが表現されやすくなります。大切なのは、攻撃的な内容の願いについては否定も肯定も反論もしないということです。

■ 攻撃的な願いが表現された時の「避けるべき対応」

【攻撃的な願いに反論する】

子ども：○○はいつも周りのやつらにオレの悪口ばっかり言っているらし
　　　　い。今度会った時には殴ってやりたい！

母親　：殴るなんてダメよ！　そうやってまた騒ぎを起こすのね！

子ども：は？　オレがいつ騒ぎを起こしたっていうんだ！

【攻撃的な願いを肯定する】

子ども：○○はいつも周りのやつらにオレの悪口ばっかり言っているらし
　　　　い。今度会った時には殴ってやりたい！

母親　：そうよ、それがいいわ！

子どもが攻撃的な願いを表現した際の「避けるべき対応」の代表的なパターンを２つ挙げておきました。ストレングス・トークでは攻撃的な願いに対して反論も肯定も NG という立場をとっています。なぜなら、子どもとの会話の中でまだ隠れた強みにまでたどり着いていないからです。実際、攻撃的な願いに対して直接反論または迎合しても、何の問題解決にもならないのですから。このような攻撃的な願いに対しては「ただごとではないね」と懸念を示しつつ、「現時点では態度を決めかねており、もう少し情報が欲しい」というメッセージを出していきます。

■ 攻撃的な願いを強み③ ねがいごとにつなげる

> 子ども：○○はいつも周りのやつらにオレの悪口ばっかり言っているらしい。今度会った時には殴ってやりたい！（攻撃的な願い）
>
> 母親　：殴ってやりたい！　とは聞き捨てならないわね（攻撃的な願いに懸念を示す）……お母さんはその場にいなかったから、もう少し詳しく教えて？
>
> 子ども：あいつ、オレが学校行けなかった時期のことを周りのやつらに「あいつ、ズル休みしてたんだ」ってラインで拡散してるらしいんだ
>
> 母親　：ラインで拡散ですって……まぁ本当なのかしら
>
> 子ども：まだ本当のところは確かめてないけどね
>
> 母親　：そうなのね。殴りたい気持ちになったっていうのは本当によくわかったわ。だけど、あなたが殴ること以外で、今本当にしたいことはなあに？（ねがいごとを引き出す質問）
>
> 子ども：あいつが何を言っていたのか確かめなきゃ（強み③ ねがいごと）
>
> 母親　：何を言っていたのか確かめる（強み③ ねがいごとのフィードバック）。それが大事よね！

　この会話例でもわかるように、子どもによって攻撃的な願いが会話の中で表現された時に「いの一番」に行うのは、その攻撃的な願いを修正させることではありません。懸念を示しつつ、より詳しい情報を集め、子どもに説明させることです。可能な限り「殴ってやるなんて言わないで、もっとこうしたら？」などと新しい解決法を大人が積極的に提案するのは避け、まずは子どもに考えさせていきます。そしてここでも、「殴ること以外で、今本当にしたいことはなあに？」とねがいごとを引き出す質問を用いています。子どもはやがて「何を言っていたのか確かめなきゃ」と安全で機能的な**強み③ ねがいごと**に相当する願いを口にします。大人はここですかさず子どもが使った言葉をそのままフィードバックしているのがわかります。これで「殴ってやりたい！」という攻撃的な願いが「何を言っていたのか確かめたい」という**強み③ ねがいごと**にまでつながったのがわかるでしょう。

隠れた強み④ 不器用な対処

　支援を要する思春期の子どもたちが、しばしば行動の問題を「やらかして」くれるのは、もう読者の皆さんのほぼ全員が納得されるところでしょう。そして、その行動の問題の「不適切さ」を大人が懸命に説明しても、なかなか子どもたちは大人の思うようにはふるまってくれません。そこで、ついつい罰の提示と厳しい叱責が繰り返されてしまうのです。行動の問題は、学校内外を問わずさまざまな場面で出現するでしょうし、時には触法行為としての要素すら含まれることがありますから、そのような行動を呈する子どもたちを指導している教師の先生方や家族の苦労は大変なものだと思います。

　一方、ストレングス・トークでは、子どもの行動の問題の背景にこそ隠れた強みがあり、そこへの気づきを促しながらより良い解決法を模索していくことを目指しているのは先述の通りです。**強み④　不器用な対処**について子どもと大人が話し合う際には、学齢期の説明で示されたさまざまなコツを、思春期のケースにおいても積極的に応用してもらえたらと思います。

　思春期においては、学齢期の子どもたち以上に行動の問題の内容がより深刻なケースが多く、子どもと日々接する家族や教師の先生方は、問題が生じるたびにその子にどのように接すればよいのか、深く悩んでいるのではないでしょうか。行動の内容が深刻なものであればあるほど、それを隠れた強みとしてカウントすることが実際に難しくなるのは事実です。リストカットしたり、万引きしたり、人にケガをさせたりした子どもにポジティブな視点を持ち続けるのは本当に至難の業でしょう。「いの一番」に、その行動を二度と起こさせないような約束をさせたくなるのが普通です。

　手始めに、その行動の問題がなぜ維持されているのかを考えてみます。望ましくない行動だとわかってはいても、その行動を繰り返してしまう現象には、何らかの理由があるはずなのです。背景にある行動の問題が維持されがちなパターンの例を下記に示します。

■ 行動の問題が維持されがちな３つのパターン

- ・つらい感情や症状を激しい行動で乗り切ろうとする場合
- ・本人が本当に要求したいことが言語化しにくい場合
- ・本人への負荷・ストレスが過重な場合

　自傷、窃盗、薬物の摂取など、ほんの短い時間だけつらい感情を緩めてくれるような機能をもつ活動は、それがどんなに不適切なものと本人が理解していても、止めることが難しい場合があります。ゲームやインターネット使用、SNS の利用などがこうした機能をもつことがあり、根っこにある苦しい感情やさまざまな心身の症状をほかの方法で楽にすることを援助する必要があります。こうした仕組みで出現する行動の問題は、**強み④　不器用な対処**としての機能をもっていると言えるでしょう。

　子ども自身が言葉にできないニードを抱えていることは、さまざまな行動の問題が維持されてしまうリスクになります。極端なたとえとしては、さるぐつわをされ、両手を縛られた状態で、空腹や口渇を感じたとしても、言葉を用いて表現することが阻害されていれば、のたうちまわるしか対処法が残されていません。周囲の大人に「夜中だから静かにしなさい！」と叱責されたとしても、のたうちまわる行動を止めることはできないでしょう。早くさるぐつわを取り去って、伝えたいことが何なのかを言葉にすることが必要でしょう。大人への依存欲求をうまく表現できない子どもは別の方法で大人の関心を引こうとするかもしれませんが、その子どものニードをしっかり言葉にできるとしたら、些細なきっかけに対して拗ねたり怒ったりしてネガティブな態度を示さなくてもよいはずです。こうした行動の問題も**強み④　不器用な対処**としての機能をもっているでしょう。

　最後に、子どもへのストレス・負荷が強い場合は、それだけで非特異的な行動の問題が増えます。攻撃的な態度・行動が目立つ子どもの中には、自分自身がクラスメートからいじめられていたり、大人から虐待されている場合もあるでしょう。子どもにとって耐えることができるストレスはほんのわずかです。子ども自身がひどい負荷・ストレスにさらされている時の行動の問題もまた、**強み④　不器用な対処**としての機能をもつことになります。

　逆に言えば、子どもの行動の問題を見た際には、「つらい感情や症状の存在」「言葉にできないニード」「子どもに重すぎる負荷・ストレスがかかっていないか」について情報を集めながら子どもと検討するプロセスが必要だと言えるでしょう。そして、こんなにもたくさんの隠れた問題について取り扱う機会を与えてくれる行動の問題は、やはり**強み④　不器用な対処**というほかありません。

　実際の面接で大切なのは、行動の問題について話を始める際の工夫や、子どもが十分に表現できていない隠されたニードを安全に掘り起こすような質問の工夫だと思います。話の切り出し方のポイントには以下のものがあると思います。

■ 行動の問題について話を切り出す際の工夫

> ・なるべく中立的な口調で話す
> ・大人が子どもの行動の問題を実際に目撃した場合は、大人が見たまま／聞いたままの観察所見をもとに話を切り出す（例：「今、○○君にずいぶんと大きな声で何か叫んでたけど、何があったのかな？」）
> ・大人が子どもの行動の問題について他者を介して間接的に知った場合は、子どもの言葉であらためて説明することを援助する（例：「お父さんはその場にいたわけではないから、お父さんにもわかるように説明できるかな？」）

　行動の問題について話を切り出す際は、大人がまだ一切の判断をしていないというメッセージが伝わるよう、上記のような工夫を行っていきます。とにかく、何があったのか、事実についての情報を子どもからなるべく多く集められるよう、出来事についての言語化を進めていきます。

　さらに、行動の問題を維持してしまう３つのパターンに相当する現象がないか、子どもと大人が共同で調査を進めるための質問の工夫を行います。私がよく用いる質問は以下の通りです。

■ 行動の問題を維持する３つのパターンを引き出す質問

> ・「その行動の直前に、君がどんな気持ちだったか覚えているかい？」
> ・「その行動の直前に、何かとてもいやな出来事はあったかい？」
> ・「その行動の直前に、どんな言葉や考えが思い浮かんだだろう？」
> ・「普段、言いたくても言えないまま我慢していることはあるかい？」
> ・「最近、君の周りの環境に何か問題が生じていなかったかい？」
> ・「その行動にはきっと何かしらの理由があったはずなんだ。心当たりはあるかい？」

　行動の問題と時間的に近い瞬間の「感情─思考─行動のトライアングル」についての質問や、環境からのストレスに目を向ける質問、ざっくりとしたオープンクエスチョンで行動の問題を生み出した背景を探ろうとする質問など、さまざま

な工夫があることがわかります。こうした工夫によって、子どもにその時の出来事を整理させ、今後のプランを立てるための「考えるスキル」を発動できるための準備が進んでいくわけです。

　ところで、子どもの行動の問題が、ひとたび**強み④ 不器用な対処**とカウントされたら、その不適切な行動について謝罪をさせないのかとお叱りを受けるかもしれませんが、私は子どもに罪悪感をもたせすぎないほうが、必要な謝罪に気づき、実行に移しやすいと考えています。行動の問題を隠れた強みとして分析し、今後のプランまで立てたあとに「君にとってはそんな予定はなかったのに、結果として良くない影響を与えてしまった人はいるかい？　もしいたら、その人にどうしてあげたいと思うかな？」などと質問し、**強み④ 不器用な対処**によって生じた良くない結果に対する自然な「後始末行動」を想起できるよう援助していく、という手順がよいように思います。ここでも、あくまで子ども自身に考えさせ、どうしたいか／どうしてあげたいかに気づき、**強み③ ねがいごと**を自然に発動できるような流れを作れるのが理想的です。

4-4 ストレングス・トークのコミュニケーションへの応用 —— 外在化スキル

　感情が嵐のように変動する思春期という時期に、みずからの不安・抑うつ・怒りなどさまざまな感情によって生活の支障になるほどの影響を受けている子どもたちは少なくありません。不安症状は学童期から問題になることが多いですが、思春期になると抑うつ気分や怒りの制御に困ってしまう子どもたちも増えてきます。ストレングス・トークの概念を応用して子どもたちが自分の感情と少しでもうまく付き合っていけるようなスキルを身につけてもらうための支援として「外在化スキル」という支援パッケージを提供することができます。

　一口で言うと、どんなに強い感情の問題をもっていたとしても、子どもに「自分が悪い」「自分がダメな人間だ」などと自責的にとらえることをなるべく避けさせ、「自分が時々、強い感情に生活を邪魔されている」などと感情の問題を子どもの外に出す、文字通り「外在化」させることで「デフォルトの自分」をより強く信じられるように援助していきます。つまり、自分という人間が問題なのではなくて、自分の生活を邪魔してくる感情が問題だと考えてもらうのです。まさに**強み④ 不器用な対処**を見つけた時にうってつけの支援と言えるでしょう。

　こうした「外在化」はすでに家族療法、ナラティブセラピー、ブリーフセラピー

など、さまざまな心理療法で応用されている外在化技法とほぼ同じです。ストレングス・トークでは外在化を支援するよりも先に（または同時進行で）「デフォルトの自分」を十分に確認するというプロセス（→67頁参照）を耕し、さまざまな問題に邪魔されていない自分は悪くない存在であるという信念を育てるところに特色があると言えるでしょう。この「デフォルトの自分」を確認できている子どもであれば、学童期であっても応用が可能です。

ストレングス・トークの外在化スキルでは、「感情をコントロールする」という言い方を避けようと思います。感情を完璧にコントロールすることを目指すというよりは、それに気づいて、対処し、「デフォルトの自分」は「デフォルトの自分」のままなくなってしまうことがないということを確かめられれば十分です。ですから、せいぜい「感情とうまく付き合う」というくらいの言葉を使って目標設定をするのがよいでしょう。

① デフォルトの自分の感情・思考・身体反応を同定する

外在化スキルは子どもたちへの心理教育としての側面があります。人間は通常モードの生活の中でもさまざまな刺激に触れ、うつりゆく感情・思考・身体反応を体験しているわけです。外在化スキルのはじめのステップとしては、「デフォルトの自分」として比較的調子の良い日の記憶をたどりながら、その時の感情・思考・身体反応を描写していくことが必要になります。

しかし、子どもたちは感情と思考の区別もまだまだあいまいな状況ですので、その弁別についても教えていきます。その際にはそれぞれの定義をやさしく説明していく必要があります。

■ 感情・思考・身体の反応の区別

```
・感情　　　：気持ち、気分の状態
・思考　　　：考え、頭に思い浮かぶ言葉
・身体の反応：身体の感覚の変化
```

感情は身体の感覚に近く、思考は必ず言葉の形をとって出てくるはずです。これだけでも感情と思考の違いを見極めるために役立ちます。さらには、下記のような視覚的なイラストのあるワークシートを用いて、思考と感情および身体の反

応を描写するように支援することもできます（ワークシートは日本評論社のウェブサイト https://www.nippyo.co.jp/shop/book/8241.html からダウンロードできます。ご自由にお使いください）。

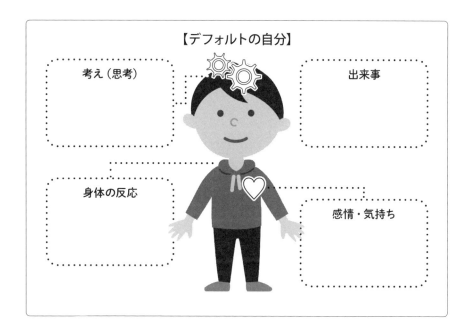

■ 感情・思考・身体の反応を弁別するためのワークシート

　このワークシートに、比較的良い記憶をたどりながら感情・思考・身体の反応を描写していき、書き込んでいきます。実際に記入した例を次頁に示します。

■ 感情・思考・身体の反応を弁別するためのワークシートの記入例

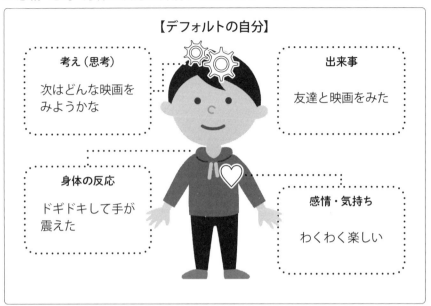

【デフォルトの自分】

考え（思考）
次はどんな映画を
みようかな

出来事
友達と映画をみた

身体の反応
ドギドキして手が
震えた

感情・気持ち
わくわく楽しい

　これが完成できるということは、子どもが特定の出来事によって引き起こされた感情・思考・身体の反応を弁別し描写することに成功したと言えます。ネガティブな事象に対するネガティブな心身の反応から描写させようとするよりも、安全・着実に学習を進めることができます。普段から子どもの隠れた強みに目を向けていることで、こうした心理教育をよりスムーズに行うことができるようになるのだろうと考えています。この段階でとくに強調したいメッセージを下記に示します。

■ 外在化スキル・プログラムで強調したいメッセージ ①

デフォルトの自分は、悪くない

　ネガティブな感情やさまざまなストレスに邪魔されていない時の、デフォルトの自分は決して悪くないのです。ただ、そこまで自分を大好きになる必要はありません。大嫌いにならなければ、それでよいのです。そこまでたいした取り柄はなくとも、自分自身の隠れた強みに気づきながら生活できると、「悪くない自分」

「まあまあの自分」というセルフイメージができるかもしれません。ただ、こうした、自己評価の変化はいつもゆっくりとしたスピードで動きます。外在化スキルでうまく感情と付き合えるようになり、日常のストレスフルな状況をなんとかくぐり抜けられるようになってくると、自己評価は徐々に、ゆっくりと変化してくるものだと考えています。

② さまざまなリラクゼーション法を見つける

　不快でネガティブな感情を刺激する可能性のある場面を回避しすぎることは、感情とうまく付き合うためには好ましくありません。リラクゼーションの技をいくつか身につけておき、一定以上のストレスを感じた際にみずからの感情を少しでも穏やかにできるという経験を積んでおくと、子ども自身が感情に対して対処できそうな感覚を高めることができます。

　呼吸法は最もポピュラーなリラクゼーションの手法の一つです。丹田に意識を向けて腹式呼吸を覚えることができる子どもの場合はよいのですが、実生活の中で起きた感情の揺らぎに対して呼吸法をどうもうまく使えない子どもも少なくありません。感情が揺らいだ際に、誰に促されなくても自分自身で思いついて実践できるスキルでないと、現場では子どもの助けになりません。

　そこで、子どもたちの大好きなラーメンのイメージを想起してもらいながら呼吸に取り組んでもらうことを勧めています。ラーメンの視覚的なイメージのみならず、ラーメンの器の温かさや立ち上る湯気の熱感、そしてスープから漂うあの香り……など視覚刺激だけでなく、嗅覚や温度の感覚まで想起してもらいます。そこでラーメンの匂いを嗅ぐように鼻から息を吸い込み、ラーメンを冷ますようにゆっくり口から息を吐くのです。子どもたちにとっては深呼吸の手順を思い出すよりも、好きなラーメンを思い出すところから始め、呼吸動作に自然につながるように援助します。これが「ラーメン呼吸法」です。

　こうした技法はほかにも数えきれないほどあります。ストレングス・トークオリジナルの技法ではありませんが、1998年のメキシコ大地震の際に被災者のトラウマケアに用いられたことで有名なバタフライ・ハグ（Butterfly Hug）と呼ばれる技法があまりにも有名です。[12]

　解消したいネガティブな状況をイメージしながら両手を胸の前で交差させ、左右の肩を交互に叩くというものです。私はこれをポジティブな状況（たとえば大好きなラーメンを安心できる友人と一緒に食べているところ）をイメージしながらゆっくりと肩を叩くという方法に変えて使っています。先述したラーメン呼吸法と合わせ

て使いたいというクリエイティブな子どもたちもいて、自由に応用してもらっています。

　こういったセルフケアに使えるリラクゼーションの技法は、どれも単純なものに過ぎません。自分に合ったやり方をあれこれ探してみようとチャレンジするこころのありよう自体が**強み① 本人への良い影響**を生み出すための素地として、とても重要なのだと思います。ぜひ試してみてください。

③「感情モンスター」を捕まえよう

　子どもたちはさまざまな感情の波に飲み込まれていくうちに、ネガティブな感情は自分自身の存在と切り離せないものと考えがちです。いや、そもそも人は感情を自己の中に内在するものとしてとらえているのが普通のことかもしれません。この段階の外在化スキル・プログラムでは、以下のメッセージを強調しています。

■ 外在化スキル・プログラムで強調したいメッセージ ②

> # いやな気分は、外からやってくる

　これも、わざわざ枠で囲むほど強調したいメッセージです。これはメッセージ①「デフォルトの自分は、悪くない」とセットになっています。悪くない自分、まあまあの自分の安定した生活の邪魔をしているのが、ほかでもないこのいやな気分なのです。

　いやな気分、ネガティブな感情をできるだけ客観的に見るように練習することが、感情とうまく付き合っていくためにも大切です。このため、頻繁に自分の邪魔をするネガティブな感情に名前をつけていきます。「不安モンスター」「ドキドキオバケ」「心配のボール」など、子どもと大人で話し合ってみましょう。ここでは、いったん「感情モンスター」と命名しておきます。

　感情の種類は一つではありません。ポジティブな感情も、ネガティブな感情も、数えきれないくらいの種類がありますが、子どもがしばしば体験している感情には優先的に名前をつけていき、それに対する対策を立てていきます。

　感情には強さがあります。感情の強度を０〜10点で、もしくは０〜100点で測定してみます。どんな出来事があると、どんな種類の感情モンスターが、どんな強さで出現するかを表にまとめる宿題を出すこともあります。

■ 出来事と感情と感情の強度をまとめる課題

出来事	感情モンスター	強さ
教科書を家に忘れた	イライラモンスター	4
友達が自分だけ映画に誘ってくれない	不安モンスター	6
父親が酔っ払って帰宅してきた	がっかりモンスター	8

　表に書いてまとめること自体が、感情を客観的にとらえる練習になります。こうしてネガティブな感情が「デフォルトの自分」の邪魔をしているというイメージを強めることで、メッセージ②「いやな気分は、外からやってくる」がより明確になります。

　感情モンスターの強さを描写できるようになったら、その点数が何点までなら子ども自身がリラクゼーション技法などで対処できるか（バトルゾーン）、何点以上になったら大人など他者に助けを求めるか（ヘルプゾーン）決めておくとよいでしょう。

④ 「思考モンスター」を捕まえよう

　いやな気分、ネガティブな感情がやってきた時に、常にペアになって出現するのがネガティブな思考です。デフォルトの自分を確認する作業の中で、良い記憶に関連した感情と思考を弁別することに慣れていれば、ネガティブな感情と思考の弁別も比較的容易だと感じます。この段階で強調したいメッセージは以下の通りです。

■ 外在化スキル・プログラムで強調したいメッセージ ③

> ### つらい考えは、いやな気分が連れてくる

　つらい考えに対しては、まず疑問をもってほしいものです。中間テストの数学でつまらないミスをした時に「オレのやることはいつもうまくいかない」という

ネガティブな思考が出現したとしても、「待てよ？　テストのたびに同じような悪い結果ばかりだったっけ？」などとネガティブな思考を疑うことができるだけでも、徐々にネガティブな思考は処理され、薄らいでいくものです。ところが「オレはバカなことばかりしている無能な、そういう人間だ」という思考が完全に内在化され、不変の事実として固定化されると、なかなかやっかいです。

そこで、ここでもネガティブな思考には名前をつけていきます。仮にここでは「思考モンスター」としておきましょう。思考モンスターは感情モンスターが連れてきた言葉であり、感情モンスターが子どもを苦しめるために発しているのです。このように、ちょっと物語チックに説明するのも工夫の一つです。

思考モンスターの中でも、子ども自身の自己評価に直接突き刺さるようなやっかいなやつがいます。「悪口モンスター」とでもしておきましょう。自己評価を脅かす思考モンスターの一種で、典型的な数種類のモンスターがいます。

● 典型的な「悪口モンスター」の例

・「自分は悪い人間だ」と罪悪感をもたらすタイプ
・「自分は誰ともつながれない人間だ」と孤立感をもたらすタイプ
・「自分はうまくできない人間だ」と無能感をもたらすタイプ
・「自分は誰も信用できない人間だ」と不信感をもたらすタイプ
・「自分は危険な世界にいる人間だ」と安全感をうちくだくタイプ

上記に典型的な「悪口モンスター」の例を挙げましたが、これらのうち一つでも抱えていたとしたら、それだけでも相当の生きづらさにつながりそうです。まずは、これらのようなネガティブな思考の存在に気づき、対処するための準備を進める必要があります。ここで、出来事、感情モンスター、思考モンスター、身体の反応をまとめるため、ワークシートに書き込みながら把握していきます。

こうしたワークシートを使うこと自体が、ネガティブな感情や思考を客観的に観察することを援助するため、外在化のプロセスが進みやすいと考えています。「デフォルトの自分」をより強く意識させ、感情モンスターや思考モンスターを調査対象として子どもの外に出すためには、子どものコミュニケーション能力の課題や発達障害の特性の有無を問わず、こうしたワークシートを積極的に用いる効果は大きいと思っています。

■ 感情・思考・身体の反応を弁別するためのワークシートの記入例

　さらに、この段階では下記のように出来事・感情モンスター・思考モンスターをまとめてくる宿題を出すことが多いです。

■ 出来事と感情と思考をまとめる課題

出来事	感情モンスター	思考モンスター
教科書を家に忘れた	イライラモンスター	オレはどんなに頑張っても忘れものをなくせない人間だ
友達が自分だけ映画に誘ってくれない	不安モンスター	オレはみんなに嫌われてて、仲間はずれにあっているのかな
父親が酔っ払って帰宅してきた	がっかりモンスター	どんなに説得してもお酒をやめてくれない。このままじゃ家族は壊れてしまうよ

　課題を進めるうちに、子ども自身が出くわしやすい思考モンスターのパターンに気がつく場合があります。子どもが自分のところにやってきやすい思考モンスターに気づくたび、「その考えこそ、感情モンスターが連れてきた思考モンスターだね」と地道に教えていきます。

⑤「思考スキル」を身につけよう

　この段階では、いよいよ思考モンスターへの対処を学びます。ネガティブな思考に気がついた時の対処を「思考スキル」と呼びますが、これには大きく分けて2つあります。

■ 2つの「思考スキル」

> （1）"ふーん"スキル
> （2）反論スキル

（1）"ふーん"スキルは、感情モンスターや思考モンスターに気がついてもあわてずに観察するスキルのことです。「ふーん、不安モンスターが、『自分はダメな人間だ』という考えを連れてきたな。思考モンスターとはコイツのことだな?」などと、ひたすら気づき、観察し、描写することに徹します。大概の思考モンスターは、このスキルだけで退治することができます。

（2）反論スキルは、ややしつこく残る思考モンスターに対して積極的に反論していくためのスキルです。「思考モンスターをやっつけるために"反論ミサイル"打ち込もう!」などといったふうに説明します。支援対象が女性であれば「思考モンスターをやっつけるために"反論の魔法"をかけよう!」なんていう説明もよいかもしれません。このあたりは子どもの特性、趣向に合わせてアレンジしていくとよいでしょう。次頁のようなワークシートを使いながら反論スキルの練習をしていきます。

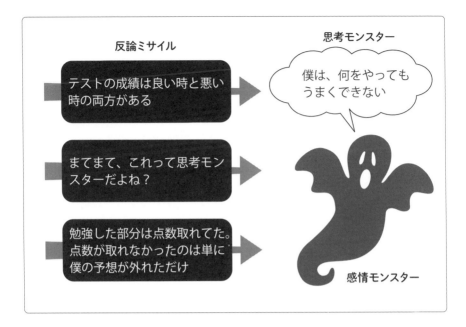

ただでさえ、子どもと大人が対立しがちな思春期です。このような外在化を用いて大人が完全に子どもの味方として機能することで、子どもと大人が協力してネガティブな感情や思考に対処するというチームワークを深めることができるとよいでしょう。

4-5 | 事例：万引きを繰り返してしまうL君（13歳男子）

L君は中学1年生。コンビニエンスストアで文具類をポケットに入れたまま退店したとして補導され、児童相談所が関わっています。小学1年生の弟と本人を女手一つで育てる母親との3人暮らし。中学に進学する少し前より、母親への荒っぽい言動が増えていることに気づかれていました。もともと弟の面倒をよくみており、弟も本人に懐いていました。しかし、この数ヵ月は弟が本人の言うことを聞かないと平手で弟の頭を叩くことが増え、母親は心配していました。徐々に寝つきが悪くなり、夜中に時々目を覚まし、ゲームをするようになっています。

万引きは生活指導担当の強面の教師からも厳しく指導され、本人もその場では「すみませんでした。もうしませんから」と、しおらしく謝罪するのですが、最近3回目の万引きを起こしてしまい、学校側から「これだけ指導してもわから

ないのは理解力に問題があるから、病院で検査をしてもらうように」と指示され、地域の療育センターの外来に紹介されました。

　母親に付き添われてL君は療育センターを受診しましたが、医師の質問にも穏やかに応答し、非常に物わかりのよい子どものように見える態度をとっていました。医師から「なぜ文房具ばかり取ってしまうのかな？」と問われても、L君は答えることができず、「もうしないんで……」と言いながら苦笑いを浮かべてペコペコと頭を下げるだけでした。

　知能検査の結果は、IQ値は平均の下といったところで大きな遅れはありませんでした。ただ、そのわりには小学6年生の頃から学習の進みが悪くなり、中学入学後は成績がひどく下がる一方でした。クラスメートとはいくらか受け身の態度で関わることが多いようですが、生徒同士のトラブルは認められていませんでした。

　療育センターの担当医は、L君の万引きの問題に関しては、罰を中心とした対応がすぐには効果を示さないことが多いことを伝え、ストレングス・トークに基づいた隠れた強み探しから始め、L君の「デフォルトの自分」像を確かめるために、定期的に隠れた強みを見つけて記録をノートに書き溜めてもらうように指示しました。母親は、息子が万引きをコントロールできない状況に強い不安を抱いており、隠れた強みを探すことの意味については半信半疑のようでしたが、ひとまず1ヵ月ほど記録を続けてもらいました。初診1ヵ月後の外来では「少しだけ親子の会話が増えたかも」と母親は言っていました。

　L君には2週間に一度外来に来院してもらい、「デフォルトの自分」を確認するワークを開始しました。**強み① 本人への良い影響**や**強み② 周囲への良い影響**について探すのですが、なかなかその2つの強みに気づくことが困難でした。また、「友達と遊ぶことは、以前は楽しかったけど、今はそうでもない」「友達関係は、小学6年生まではよかったけど……」などと、とくに中学入学後の変化を言葉にしていました。担当医はL君が抑うつ状態をきたしていて最近のポジティブな記憶を想起しにくいのではないかとみたてています。L君は外来を受診するたびに、「家族に迷惑をかけたくない」「もう万引きしたくない」などといった**強み③ ねがいごと**に関連した内容を徐々に表出するようになっていきました。

　そこで、担当医は外在化スキルのコンテンツを用いて、ネガティブな感情と思考についての心理教育を開始しました。L君は頻繁に気分の落ち込みがあること、時おりひどい焦りのような感覚を伴っていることを「うつのボール」および「ソワソワのボール」と名づけ、そのようなネガティブな感情が接近してきた際に「早くなんとかしないと自分はおしまいだ」「自分がみんなに迷惑ばかりかけている」

というような、ネガティブな思考についても表出するようになりました。

　感情、思考、身体の反応を描写することに慣れてきたところで、担当医は「コンビニの文房具をポケットに入れる前に、何らかの『感情のボール』がＬ君のところに来ていましたか？」と聞いてみました。Ｌ君は「『うつのボール』が来てた。家に帰るまでになんとかしたいと思ったんです。お母さんが心配するから誰にも言えないし。文房具をポケットに入れると……ドキドキして……少し頭がスッキリするんです。……だけどそのあとまたすぐに気分が落ち込んで……」と答えました。担当医は感情と思考と行動のトライアングルを視覚化したものを本人に見せ、気分の落ち込みと、落ち込んだ様子を誰にも見せてはならないという思考と、文房具をポケットに入れる行動が悪循環する可能性について説明しました。

　これを担当医は**強み④　不器用な対処**としての視点から説明し、「やはりＬ君は悪い人ではないのです。今後再び『うつのボール』がやってきた時にどうするか、新たな作戦を相談できる心理士の先生がいますが、今度会ってみたいと思いますか？」と聞いたところ、Ｌ君は心理士との個別面接を希望しました。

■Ｌ君の感情・思考・行動のトライアングル

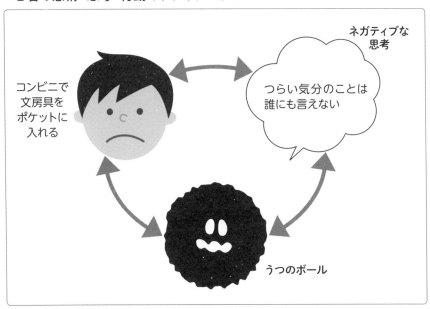

担当医は親子を同席させて面談し、Ｌ君の「デフォルトの自分」がこれ以上の万引きをしないという強い願いを抱いているが、ネガティブな感情や思考が

「デフォルトの自分」としてのL君を脅かしているというモデルを説明しました。母親はそれを聞いて「この子のしたことは問題で解決が必要だけど、この子が悪い子どもになってしまったわけではないんだ、と思えます。ありがとうございます」と話しました。

　L君はその後も療育センターの外来に通い、担当医と心理士の面接を続けています。学校とも協議し、気分の落ち込みが強い午前中は無理をして登校せず、午後の授業のみ参加するという方針としたところ、徐々に気分が安定してきたようです。今ではいやな気分がL君の邪魔をしている時には、コンビニに行く代わりに早めに帰宅し、いやな気分について率直に母親に伝えることができるようになっています。L君は「いやな気分は、もともと僕の中にはなかったものなんですよね。最近は自分の気分の変化に気がつきやすくなったと思います」と振り返っていました。

第5章

【実践編Ⅳ】

親・支援者

強みを見つけるのが難しい
と感じたら

StrengthTalk

5-1 ┃ 子どもの強みを見つけるのが難しいと感じたら

　本書をここまで読み進めてくださり、ありがとうございます。本書の内容も終盤に入ってきました。ここまで読んで、子どもの隠れた強みの全体像のイメージがつかめたでしょうか。私がストレングス・トークのワークショップを行う際に最も多く聞かれる感想の一つに、「頭ではわかったけど、実際に目の前の子どもから"隠れた強み"を見つけるのは難しそう……」というものがあります。こうした反応は、自身にとって新しい手順や概念に触れた際に起きやすく、それ自体は特殊なものではありません。これから子どもの隠れた強みを探す中で似たような状況を経験したら、トラブル・シューティングをしていきましょう。

■ "隠れた強み"が見つけにくいと感じさせる3つの要因

> 要因① 大人自身の健康状態に懸念がある場合
> 要因② 大人自身の生活の中で時間的ゆとりが奪われている場合
> 要因③ 大人自身への"期待のスポットライト"が邪魔をする場合

要因① 大人自身の健康状態に懸念がある場合

　子育てや子どもの支援において最も大切なのは、身体とこころの健康を失わないことです。これは、子どもだけでなく、親と支援者の皆さんにこそ言えることです。対人援助職だから残業が当たり前なんてことは、本来あってはなりません。小児科医も、児童精神科医も、看護師も、心理職も、ソーシャルワーカーも、教師や児童指導員や保育士・幼稚園教諭、子どもを支援するあらゆる職種の皆さんには絶対に健康でいてもらわないとならないのです。熱があり、風邪を引いているのに、職場に出てきて子どもを支援する──そんな姿を子どもが見れば「体調が悪くても休んではいけないんだな」と学習してしまうかもしれません。面接やセラピーも、支援者の健康の都合でたまには中止になることもあってよいのです。それはそのまま子どもたちに「休むことの大切さ」を伝えるでしょう。

　体調が悪い時に、支援者が子どもたちの隠れた強みに着目し続けるのは至難の業です。いや、ほとんど不可能と言ってよいでしょう。体温38度の発熱時のあなたは、誰かを支援することを考えるのではなく、あなた自身に支援と治療が必

要になっていることを認めるべきなのとまったく同じです。

　寝不足が溜まっていたり、前日の残業の疲れが残っていたり、支援者みずから
が支援を要している状況では、隠れた強みを見つける際の脳の働きはおそらくブ
ロックされると思うのです。脳はみずからがピンチの時になおも他者を支援しよ
うとするような方略を許さないでしょう。むしろ、支援者本人が**強み① 本人へ
の良い影響**をもらえる場と活動を意識的に探すべきです。大人自身の健康状態に
看過できない懸念がある状況では、無理に子どもたちの隠れた強みを探す必要は
ありません。支援者ご自身の隠れた強みに目を向けることが必要になります。支
援者を楽しませ、安らぎを感じさせ、活発にさせてくれる場と活動を見つけてい
きます。

　一方で、疲れが溜まった状態にある親御さんたちの苦労は、大変なものがあり
ます。職業人としての支援者は、職場を離れたら支援対象となる子どもたちとは
自動的に距離をとれますが、親はそういうわけにはいきません。

　たとえば、医療ケアが必要な重症心身障害児の親御さんの健康面への負担はと
ても深刻です。在宅でケアされている重症心身障害児263名の主たる介護者を
対象とした調査では、44％の方が何らかの体調不良を感じており、88％の方が
みずからの疲労の状態を「厳しい」と表現していたという結果が出ています。日々
献身的に子どものケアをしている親の健康がもっともっと守られるような施策が
必要です。

　発達障害や精神障害をもつ子どものケアにあたっている親御さんたちもまた、
しばしば精神健康面での不安を抱えていることが少なくありません。睡眠や摂食
の不安定な幼児期のケア、学習や行動の問題が出現する学童期のケア、子と親が
時にガチンコでぶつかる思春期のケア……ライフサイクルに沿って悩みも変わり
ます。支援の必要な発達特性をもつ子どもの子育てを行う親御さんへのサポート
は、標準的なペアレント・トレーニングだけでなく、ストレス・マネジメントや、
親自身の感情を扱うためのプログラムのパッケージが必要です。

　子どもの支援や子育てはとても大切な作業ですが、支援者や親御さんたちの健
康が犠牲になるようなやり方は変えていく必要があります。支援者、親御さんた
ちが自分自身を守るために支援や子育てによる負担を減らし、セルフケアを行う
ために自分だけの時間をもつことが当たり前になるような仕組み作りが必要です
し、周囲の人はそれが可能になるように助けるべきです。地域で親御さんたちの
相談にのるソーシャルワーカーや保健師の皆さんには、親御さんが子育てと仕事
に使う時間以外でセルフケアのための時間をもてているかどうかに関心を向けて
ほしいと思います。親御さん自身への**強み① 本人への良い影響**を担保すること

こそ、子ども支援・子育てを息長く安全に続けていくために最優先とすべきでしょう。

要因② 大人自身の生活の中で時間的ゆとりが奪われている場合

　支援者や親御さんの健康面に大きな支障がない場合でも、時間的なゆとりが少ない時間帯は隠れた強みを探すプロセスはブロックされてしまうでしょう。時間がない状況下では、大人が子どもに向ける"期待のスポットライト"は柔軟性を失いがちです。あと５分で親子ともに家を出ないと幼稚園の送迎バスに乗り遅れてしまうという時に子どもが楽しそうにお絵描きを始めたら、「何やってるの！早くおくつをはいて！」と言ってしまうのが普通でしょう。親にとって時間の余裕がない状況というのは、「この子に今すぐ○○させなくてはならない」という期待のスポットライトに照らされた目的以外の行動は邪魔なものでしかありませんし、そのように感じることを誰も批判はできないでしょう。つまり、時間的ゆとりが奪われたことによって、隠れた強み探しのプロセスがブロックされているという事実に気づき、決して子どもに隠れた強みが存在していないわけではないこと、支援者や親御さんも隠れた強みを見つける力がなくなったわけではないこと、つまりこれは時間的ゆとりがない時の一過性の現象ととらえることがよさそうに思います。ストレングス・トークでは、隠れた強み探しを24時間体制で行うことを求めたりしません。時間的なゆとりがなくて、それどころではない過酷な時間帯に、なんとかその場を凌ごうとする中で少々丁寧な行動がとれなかったとしても、それはご自身が**強み④ 不器用な対処**で時間的なゆとりのなさと必死で奮闘していると考え、ご自身を労ってあげる必要があるでしょう。

要因③ 大人自身への"期待のスポットライト"が邪魔をする場合

　期待のスポットライトは子どもたちだけに向かうものではありません。それは支援者として、親として、大人みずからがどう行動するかを決定する基本原則のようなものとして、大人自身へも向かうものです。それは私たちの行動に粘り強さや、あきらめずに努力し続けるエネルギーを与えてくれます。しかし、その行動が目の前の子どもたちの状況に合わないこともあります。

　少しずつひらがなの印刷されたかるたを用いた遊びを楽しめるようになった（**強み① 本人への良い影響**）ばかりの未就学児の子に、小学生向けの漢字ドリルの書き取りをさせるのは、子どもの状況に合っているとは言えません。もしこの場合、

親が自分自身に「私はこの子が学校で勉強についていけなくならないように最大限努力しなくてはならない」という期待のスポットライトを当て続けていたとしたら、この子が文字の入ったかるた遊びを楽しめるという**強み① 本人への良い影響**には気づきにくく、「周囲の年長クラスの子どもたちの中には漢字を書く子もいるのに、この子はなかなか書けない」という懸念ばかりが膨らむことでしょう。その結果、子どもへの「入学前に１年生の漢字くらい書けなくてはならない」という期待のスポットライトをより強めてしまうことになります。期待のスポットライトが強ければ強いほど、隠れた強みは見えにくくなります。

　大人自身への期待のスポットライトのすべてが問題というわけではありません。むしろ、大人としてそれがないと子どもや家族を守ることができないものもあります。ここで、大人自身がもっている期待のスポットライトを書き出してみましょう。

■ 大人自身がもっている"期待のスポットライト"の例

期待のスポットライト	結果	困難さ (0~100)
私は、子どもと家族が生活に困らないように働かなくてはならない	ぜいたくはできないけど、少しずつ貯金できる。仕事でつらいことも多いが、今の仕事を辞める気はない	20
私は、子どもが勉強についていけるようサポートしなくてはならない	私が漢字ドリルをやらせようとしても、子どもが泣いていやがる	80
私は、子どもがストレスに強くなれるよう育てなくてはならない	子どもが悪いことをしたら、とにかく厳しく叱っている。最近は「パパ怖い」と言われることが増えた	90

　困難度が低く、おおむね良い結果をもたらしている「私は、子どもと家族が生活に困らないように働かなくてはならない」という期待のスポットライトは、これからもこの親子を支えていくでしょう。しかし、残りの２つについては困難度が高く、何らかの軌道修正が必要かもしれません。こういう場合は、ほんの少

しだけ期待のスポットライトを緩めの内容に変えてみたり、そもそもそれが必要なものかどうかも検討していきます。

■新しい"期待のスポットライト"の例

もとの期待の スポットライト	新しい期待の スポットライト	結果	困難さ (0~100)
私は、子どもが勉強についていけるようサポートしなくてはならない	私は、子どもが勉強に関心を失わないようにサポートしなくてはならない	子どもの関心が高いかるた遊びに付き合うと子どもも喜び、よく文字を読むようになった	10
私は、子どもがストレスに強くなれるよう育てなくてはならない	私は、子どもがストレスを感じた時に見守らなくてはならない	子どもがかんしゃくを起こした時、静かになるまで見守り、泣き止んだことを褒めてみたら、最近は短い時間で落ち着くようになった	25

　2つの期待のスポットライトを新しくしてみました。「勉強についていけるようサポート」から「勉強に関心を失わないようにサポート」という切り替えを行って初めて、子どもがかるた遊びなら楽しめるという**強み① 本人への良い影響**を見つけています。2つ目は、「ストレスに強くなれるよう育てなくてはならない」から「ストレスを感じた時に見守らなくてはならない」に切り替えたことで、子ども自身が少しずつ早く落ち着けているという**強み① 本人への良い影響**に気がついています。

　期待のスポットライトを切り替えるのはなかなか簡単ではないですが、大人が自分自身に対してどのような期待をしているのかを知ることから始めるのがよいと思います。いきなり考え方を変えるというよりは、その考え方を客観的に見る練習が大切でしょう。そのためにも、こうして表に書き出してみるのがとても効果的なのです。

5-2 | 大人の“隠れた強み”

隠れた強み① 本人への良い影響

　大人の隠れた強み、中でも**強み① 本人への良い影響**探しは、多忙を極めておられる皆さんにとって決して簡単な作業ではありません。まずは子どもの支援や子育て場面以外の場面を数分でも捻出してセルフケアの時間に当ててみることから始めるのが一つの方法です。何しろお金をかけずに、できれば一人でいつでも行える活動を考え出してみるのです。「ストレス指数」として、まったくストレスのない 0 点から最悪のストレスである 100 点の間で設定して、その活動の前後で比較してみましょう。**強み① 本人への良い影響**としての機能をもつ活動は、ほんの少しだけストレス指数を下げてくれるものです。

■ セルフケア・リスト

セルフケア活動	ストレス指数（活動前）	ストレス指数（活動後）
好きな入浴剤を入れて入浴した	60	50
すごく疲れが残る日曜日のお昼、昼食のメニューが決まらない。新しくできたスーパーのパン屋さんに子どもを連れて行って「惣菜パン調査」をし、子どもたちが気に入った惣菜パンを 2 つずつ買って試食してもらう	80	55
子どもが寝静まった頃、玄関先に腰掛けてスマホでオルゴール音楽を 15 分聴く	75	50

　セルフケア活動は、ストレスを完全に消してくれるわけではありません。活動後にもある程度のストレス指数は残っているものです。しかし、こうした試みが自身のストレス指数を少しでも軽減できるという感覚を得ることこそ、**強み① 本人への良い影響**と言えるでしょう。

　注意点が一つだけあります。このセルフケア活動には嗜癖性の高い活動や、物

質の使用を入れてはいけません。飲酒やギャンブル行為などがそれに当たります。一瞬だけストレス指数を劇的に改善するかもしれませんが、それにはまり込んでしまうようなリスクのあるものは避けるべきです。お金がかからず、健康に害がなく、誰にも迷惑をかけない行動であれば、すべてがセルフケア活動の候補と考えてよいでしょう。

隠れた強み② 周囲への良い影響

　大人になると、基本的に自分の行動を褒めてくれる人は減ります。大人としての責務を日々果たしている皆さんでも、日々のルーチンとして組み込まれている仕事や家事の範疇の行動に対して、その活動がいかに周囲に良い影響を与えているのかを実感できる機会をもつことは少ないのではないでしょうか。きっと、どんなにささやかであっても、たくさん良い活動をしているはずです。それでも、そうした活動は「当たり前」という概念によって良い意味づけがかき消されてしまうのかもしれません。よって、大人が自分自身に対して**強み② 周囲への良い影響**を見つけるのにもコツが必要になります。

　大人が、大人自身の行動から**強み② 周囲への良い影響**を見つけるのが上手になると、支援を要する子どもたちの隠れた強み全般を見つけやすくなります。そのための練習としては、大人の行動が他者の行動や環境に与えた良い影響を探すことを勧めています。自分の行動がほかの人々に良い印象を与えたかどうかは、その方から印象を聞かない限り確認できませんが、他者の行動や物質的な環境への効果であれば自分で発見することができます。

● 自分の行動とそれが他者の行動・環境に与えた良い影響の例

自分の行動	他者の行動・環境に与えた良い影響
居間の床に掃除機をかけた	埃っぽい居間の空気がきれいになった
オムライスを作った	食の細い息子がオムライスを完食した
計算ドリルをしている娘の近くに何も言わず座った	普段質問してこない娘が掛け算の筆算の方法を聞いてきた

ただただ行動を記録するという地味な作業自体が、**強み② 周囲への良い影響**に気づく良い機会を与えてくれます。人間はちょっとした良い出来事よりも、わずかでも不快な出来事に左右されがちで、記憶にも残りがちなものです。ささやかな好ましい行動の変化、環境への良い影響は記録するプロセスなしには、なかなか記憶にも残りにくいものなのでしょう。ストレングス・トークにおける隠れた強みを探すプロセスにおいて、表に書き出すような作業を勧めることが多いのは、そのような理由もあると思います。

隠れた強み③ ねがいごと

大人の**強み③ ねがいごと**を扱う際にとても大切なのは、自分自身がどのように生活していきたいかということに焦点を当てることです。子どもにどのようにふるまってほしいか、自分が親として支援者としてどのような役割を担うべきかといった期待のスポットライトとは異なります。期待のスポットライトは、形式上はその人の願いの一部ですが、大人自身がどう生活していきたいか、英語で言えば I want to ～で表現される**強み③ ねがいごと**とは異なるわけです。

子育てや子どもの支援に忙殺されていると、自分自身がどのように生きていきたかったかが見えにくくなりがちです。どのような人生においても、人は自分の生活を自分自身で決定し、コントロールできる権利があるはずですから、「本当は○○したかったなぁ」という願いに気がついたら「いつか必ず○○したい」という**強み③ ねがいごと**をさらに強めてもよいはずです。現時点ではあまり現実的には思えないような夢だって、それを考えた時に楽しくなるのなら、それらはすべて**強み③ ねがいごと**です。親であること、支援者であることという〝鎧〟を脱いだあとに残っているものが**強み③ ねがいごと**です。これを普段から見つけておくと、少しだけ楽しいですよ（私はいつか、蕎麦屋で修行してお蕎麦を打てるようになりたいという夢をまだあきらめていません）。

隠れた強み④ 不器用な対処

子どもに接していると、大人だって時には感情を隠さない言動をとります。子どもが約束を守らなかったり、嘘をついたり、大人の期待に反する行動をとった時に、大人はつい叱りすぎることがあります。「好きにしなさい！」と突き放した態度をとることもあります。こうした出来事のあと、大人は自身の対応が大人気なかったと感じて落ち込んだ気分になったり、逆にその態度を正当化しようとす

るかもしれません。

　ストレングス・トークは、子どもに対する罰を中心にした指導は好ましくないという考え方をもっています。その理由については先述の通りです（→81頁参照）。しかし、大人が子どもに対して感情を隠さない言動をとったからといって、それをひたすら糾弾するわけではありません。子どもの最低限の安全が担保されている限りは、その感情を隠さない言動を**強み④　不器用な対処**とカウントして、より良い対応を実行するための検討をしていきます。

　まずは、**強み④　不器用な対処**が発生した場面のきっかけ、大人の感情、大人の思考、大人の行動を書き出してみます。

■ 強み④ 不器用な対処が発生した場面の例

きっかけ	大人の感情	大人の思考	大人の行動
子どもが、宿題が終わっていないのに「終わってる」と言って嘘をついてゲームをしていた	怒り	この子は嘘をつくのが平気な子になっている	激しい口調で叱り続け、ゲームを奪って放り投げた

　親として腹が立つのも無理もない場面ですが、もう少し冷静で効果的な対応を検討したいならば、大人の行動をひたすら批判してもあまり意味はありません。**強み④　不器用な対処**としてカウントし、また同じことが起きた際の対策を考えておきましょう。

　この親の行動は何かに対して対処しようとしていたはずです。それは何かを探りましょう。**強み④　不器用な対処**によって、実現したかったゴールは何かを明らかにします。この場合は「嘘をつくことが良くないことだと教えたかった」でした。さて、次にまた似たようなことが起きた時に備えて、この"実現したかったゴール"にも若干の検討を加えていきます。「嘘をつくことが良くないことだと教える」以外にもっと良いゴールがあるかもしれないのです。さらなる検討の結果、「正直に言ったほうが良いことがあると教える」を新しいゴールにしました。そして、新しい対処としては、「子どもが嘘をついたのではと思った時には、『そうですか、わかりました。もしほかに本当のことがあるなら30分以内に本当のことを言うと褒めてもらえます』と伝えることにする」と決めたそうで

す。この新しい対処は効果的で、子どもはいったん嘘をついても比較的短時間で
それを撤回し、本当のことを言えるようになったそうです。

■ 強み④ 不器用な対処の新しいゴールと対処の例

古いゴール	新しいゴール	新しい対処
嘘をつくことが良くないことだと教える	正直に言ったほうが良いことがあると教える	「30分以内に本当のことを言えたら褒めてもらえます」と伝える

　強み④ 不器用な対処は、この実現したかったゴールさえはっきりすれば、新
しい対処につなげるのは容易です。子どもが強み④ 不器用な対処をした時の対
応にも応用できます。もともとの実現したかったゴール自体は変更の必要がない
こともあります。その時は新しい対処だけに焦点を絞って考え出していきましょ
う。

第6章

【事例編】

実際に
ストレングス・トーク
を始めてみよう

Strength Talk

それでは、この章では、実際の臨床でストレングス・トークを展開した場合のイメージをつかんでもらうために、創作事例を用いて紹介したいと思います。

6-1 | シングルファーザーのMさんと4歳のN君

Mさん（33歳男性）はフルタイムで働くシングルファーザー。近くに住む実家の両親の助けを得ながら4歳の息子N君を育てています。Mさんは就労して2年目の夏にひどく疲労感を抱き、悲観的な考えが強くなったため、勤務先の近くのメンタルクリニックを受診してうつ病の治療を受けていましたが、半年ほどの通院で症状が改善したため、その後は受診していません。うつ病から回復してからも、仕事が立て込んでくると些細なミスが多くなり、仕事の効率が落ちるため残業が増えるという悪循環がしばしば生じていました。

Mさんの妻もしばしば精神的に調子を崩し、家事ができなくなることがよくありました。出産後より精神科病院に通院していましたが、息子N君が1歳半の時に実家で静養することになり、その後離婚しています。Mさんは実家が車で数分のところにあり、しばしば援助を受けながら子育てを続けています。

Mさんの息子N君は1歳半検診で言葉の遅れを指摘されていましたが、2歳頃から急に発語が増え、同じマンションの同年代の子ども同士で関わって遊ぶことが見られはじめていました。しかし、N君は保育園にはなかなか慣れず、Mさんは朝の保育園の送迎の際に泣きながらいやがるN君を預けて、まるで逃げるように保育園を後にしていました。また踏切の音に強い関心を示すようになったN君が登園前にどうしても踏切の近くに行って電車が通るのを何回も見ないと気が済まない朝もあり、保育園への送迎自体にかかる時間が延びる一方でした。

Mさんのさらなる悩みは、N君の食べられるものが限定されていることでした。お菓子は自発的に食べるのですが、食事となると食べることを拒否してしまい、なかなか食事が進みません。Mさんは出勤前の慌ただしい時間にN君が食事をとろうとしないと、苛立ちを強く感じては「だから、早く食べろってば！」と大きな声で叫びながら食卓を叩いている自分に気がつき、落ち込んでしまうのでした。

Mさんは徐々に強い疲労感を抱くようになり、朝起きられないことが増え、N君を保育園に送る時間に遅れぎみとなり、職場に遅刻するようになりました。日中はひどい眠気を感じます。Mさんは以前メンタルクリニックを受診した時に感じていた苦しい気分の状態に近づいてきたのを感じ、再度受診する意思を固

めていました。平日の夜は保育園のお迎えがあるため受診が難しく、自宅近くで土曜日にN君をつれて受診できるクリニックを見つけ、初診の予約を取りました。

6-2 初診の日の朝

　Mさんは初診の予約を取った土曜日の朝、鉛のようにだるい身体をようやく起こし、N君が比較的食べやすいうどんを朝食として食べさせ、子ども用の食器を3日分の洗い物が溜まった流し台の中に置き、まだ畳んでいない洗濯物を入れたカゴからN君の短パンとTシャツを取り出して着替えさせると、N君を自転車のハンドル側に取りつけたチャイルドシートに乗せて、クリニックのある駅前に向かって自転車をこぎはじめました。

　N君は駅前に向かう坂道を登りはじめると、お気に入りの踏切に近づいていることを察してか、ご機嫌に「カンカン、カンカンがいい」と話しはじめます。踏切の描かれた絵本や、電車のシールを貼れるシールブックがお気に入りで、Mさんのスマートフォンで踏切の動画を見せてもらいたがるほど踏切に関連した映像を好みます。MさんはN君の並々ならぬ踏切への関心を少々不思議に感じつつ、踏切の動画を見せていると比較的長い間静かにしていられるため、食事の準備をする間にスマートフォンをN君に見せるのが常となっていました。

　Mさんは駅前の踏切に近づくと、踏切近くにある自転車1台分が停められそうな空き地に自転車を置き、N君をいつものように肩車して踏切が繰り返し鳴っているのを見せました。急行列車が4回ほど通ったところで初診予約の時間が近くなってきたため、N君を自転車に乗せてクリニックに向かおうとしましたが、N君は「カンカン、カンカンがいいの！」と繰り返し叫んで泣き出しました。Mさんは大きくため息をつき、泣くN君をチャイルドシートに座らせ、固定するためのシートベルトを取りつけると、黙ってクリニックのあるビルまで自転車を押して歩いて行きました。

　そのビルは1階に携帯電話ショップが入っており、クリニックはその2階にありました。数十年前に建てられたような古いビルのエレベーターには、数字が印字された丸いボタンが1cmほど飛び出したものが並んでおり、クリニックのある2階のボタンを押すと2と印字されたボタンが白く光りました。Mさんは動きのぎこちないエレベーターに若干の頼りなさを感じましたが、クリニックのある2階まで上がり、黒板の材質にチョークで「子どもと大人のメンタルクリニック」と描かれた看板を見つけ、インターネットで探した情報に間違いがなかった

ことに少し安心しました。Ｎ君はまだ顔をくしゃくしゃにして「カンカン、カンカンがいい！」と繰り返しつぶやきながら泣いていました。

　Ｍさんは古いマンションにありがちな重い扉を開き、クリニックの中に入ると、壁にはさまざまなアニメのポスターが貼られており、待合室の一角はままごとセットやプラレールのおもちゃがたくさん置かれた遊び場になっていました。鼻水を垂らしながら泣いていたＮ君は、Ｍさんとつないでいた手を離し、遊び場に一目散に駆けていきました。

「あっ、Ｎ君、ちょっと待ってよ……」

　Ｍさんは受付の前で持ってきたはずの保険証を探すのに手間取りつつ、Ｎ君を制止しようと声を出しました。すると受付のスタッフが、

「どうぞ、プラレールで遊びながらお待ちください」

　と優しく促してくれたため、Ｍさんは少しホッとして、

「お子さんもたくさんいらっしゃるんですね」

　と受付のスタッフに言いました。

　Ｍさんはほどなく診察室に呼ばれると、ピンクのオペ着を着た40歳台の男性医師が電子カルテを操作していました。診察室の隅っこにもプラレールのおもちゃのあるプレイエリアが設けられており、Ｎ君はここでも新幹線のおもちゃがたくさん入った箱の中をうれしそうに見ていました。

「どうも、はじめまして。子どもと大人の精神科医のＩと申します」

　Ｉ医師は少しずり落ちた黒縁メガネを右手の人差し指で持ち上げながら、Ｍさんに挨拶しました。

6-3 | 初診

Ｍさん：Ｍと申します

Ｉ医師：今日はよくいらしてくださいました。私は子どもと大人の両方のこころの健康についてご一緒に考えるのが仕事です

Ｍさん：子どもの相談にも乗ってくださるのですか？

Ｉ医師：もちろん、うちのクリニックでは子どもと大人両方のカルテを作っておられる方も多いです

Ｍさん：結構この子の子育てで煮詰まってしまうことが多いので……いつか子どものことについても相談したくて

Ｉ医師：ご希望でしたら、お子さんのご相談についてもぜひお申しつけくだ

Mさん ：いつか、そうさせていただくかもしれません……

I医師 ：今回、Mさんがクリニックを受診しようと考えるに至ったのには、どんなことがあったのでしょうか？

Mさん ：私は仕事を始めて2年目くらいの時にうつ病をやってるんです。この時は半年くらいでよくなったのですが……この子を育てていく中で、この1年くらいで徐々にしんどくなってきまして……なんだか父親としてもうダメなんじゃないかとか……そんなことを考えちゃうもんですから、もう一度受診してみようと。平日の受診が難しいので、土曜日に家の近くで通えそうなところを探していましたら、こちらのクリニックを見つけました

I医師 ：それはそれは、うちのクリニックを見つけてくださって本当によかったです。再度受診してみようとよく決断されましたね

I医師はそう言うと、表が印刷されたA4判の紙をMさんに手渡しました。

	順調さ	困難さ
家庭・子育て		
仕事		
対人関係		

I医師 ：これはうちのクリニックで使っている、生活全体のみたてシートです。心身ともに苦しい状態にある患者さんたちに生活の様子で順調な点と困難な点を書き入れてもらいます

Mさん ：順調さ……ですか

I医師 ：はい。現在の生活の中の困難さだけでなく、比較的なんとかなっている部分や、ある程度快適に過ごせているものについて書き入れて

いきます。私から質問させていただき、Mさんが答えてくださった内容を、私が書き込ませていただきますね。まずは家庭や子育てについてはいかがでしょうか？

Mさん：この子が一つのことにこだわりが強くて……電車や踏切が大好きなのはいいのですが、その活動をやめさせるたびにかんしゃくを起こされるのはとても困っています。最近本当に困っているのは、この子がなかなかご飯を食べてくれなくて。朝は私もあまり強いほうではなくて、時間のない時にスムーズに朝食を食べてくれないと……本当はいけないんですが……テーブルをドンドン！　って叩いて、この子を脅かすようにふるまってしまうんです。もっと穏やかに接したいのですが

I医師：ありがとうございます。そのように、お困りの内容をそのまま率直に教えていただくと、私たちもMさんを理解するうえでとても助かります。この調子で今度は、順調な部分・比較的スムーズに生活が回りやすい部分についても教えてください

Mさん：実家には本当に助けてもらっています。私の体調が悪い日には母が食事を作りに来てくれます。この子はプラレールで遊んでいれば機嫌はいいです。私にも、実家の父母にもよく甘えて懐いていると思います

	順調さ	困難さ
家庭・子育て	・実家の母が食事を作りに来てくれて助かっている ・プラレールで遊ぶとN君の機嫌がよい ・N君は自分にも実家の父母にもよく懐いている	・N君のこだわりが満たされないことに伴うかんしゃく ・N君が朝ご飯を食べてくれないとひどくイライラしてしまう ・家の中を片づけることが難しい

I医師：ありがとうございます。ご家庭での生活についてとてもよくわかります。このように情報をいただくことができると、これからの支援や治療にとても有用なんです。では、お仕事についてお伺いしますね

Mさん：私は研究所で働いているのですが、比較的フレックスタイムで働け
　　　　ています。最近朝起きるのがつらくて遅刻気味だったのが問題なの
　　　　ですが、研究所に申請する勤務時間をずらすことで対応しています。
　　　　集中力が落ちているので、研究費の申請書類を締め切りに間に合わ
　　　　せることが難しくなり、残業で対応していました。それでも少しず
　　　　つ論文を書いて業績を出しつつあるところです。直属の上司には私
　　　　の時間のルーズさを注意されることが多いのですが、研究所として
　　　　は私の業績を評価してくれていて、常勤の研究員に昇進させてくれ
　　　　ました

	順調さ	困難さ
仕事	・フレックスタイムで働ける ・論文が書けていて業績があ 　る ・常勤の研究員に昇進した	・朝遅刻することが増えてい 　る ・能率が落ちていて時間内に 　仕事を終えられない ・直属の上司に時間のルーズ 　さを注意されがち

I医師　：ありがとうございます。主に時間の管理に関係した問題がいくつか
　　　　あるようですが、業績が順調で常勤のポジションを確保されている
　　　　のですね。素晴らしいことです
Mさん：ありがとうございます。いつも上司には叱られてばかりで、つらい
　　　　気分になることが多いのですが、こうして書き出してみると、私が
　　　　いる環境から良い影響を受けているところもあるんですね
I医師　：それなんです。患者さんたちはどうしてもご自身の体験する困難さ
　　　　によって、日々の当たり前の場面や活動から得られる "良い影響" に
　　　　ついて見えにくくなっています。こうした方法で皆さんが生活全体
　　　　のつらい部分も良い部分も客観的に眺めることができるようお手伝
　　　　いをするのも私たちの仕事なんです。では、最後に現在の対人関係
　　　　についてはいかがでしょう。これは、どちらかと言うとプライベー
　　　　トな友人関係などについて教えてください
Mさん：人付き合いはたいして広いほうではありません。同じ研究所に大学

時代の同級生が勤めるようになってからは、時々昼食に誘ってくれるようになりました。一方で、メールやSNSを介して飲み会などに誘ってくれる友人もいるのですが、子どもが小さいことや、自分が一人でこの子を育てるようになった経緯を説明するのがおっくうで、ついメールに返事をせずに放っておくことが増えました。何人か古い友達をなくしてしまうのではないかと思っています

I医師 ：その同じ研究所のご友人とのお付き合いはどうして長く続いてきたのでしょう？

Mさん ：大学時代のサークルが一緒で……若い頃、お金がなかった時代に、よくうちに来てご飯を食べていったものです。何か困ったことがあると、必ず私に相談していましたから

I医師 ：Mさんの存在がそのご友人に楽しさや心強さという"良い影響"を与えていたのかもしれませんね

	順調さ	困難さ
対人関係	・同級生とランチを食べに行く ・友人が感じる楽しさや心強さ	・メールでの誘いを放置してしまう ・自分の境遇の変化を説明しにくいと感じる

I医師 ：ありがとうございます。Mさんの対人関係においても、とても大切な情報を教えていただきました。Mさんの存在がご友人に与える"良い影響"により長いお付き合いになってきたことからも、Mさんの対人関係上の強みを感じます。一方で、ご友人との連絡のやりとりの中で若干の先延ばし傾向があるのかもしれませんね

Mさん ：ありがとうございます。メンタルクリニックに来て、このように褒めていただくとは思っていませんでした。確かに先延ばし傾向は、時間の管理同様、以前からあった私の問題だと思います

I医師 ：このクリニックでは、初診で患者さんの"隠れた強み"を先にアセスメントします。どんな人もこの"隠れた強み"によって世界とうまくつながってこられた部分があるはずでして、それこそが患者さんがさまざまな症状で悩むようになる以外の"デフォルトの自分（もとも

との自分）" なのだと考えます。M さんの "隠れた強み" をまとめてみ
ました

強み① 本人への良い影響	強み② 周囲への良い影響
・ご実家の両親からのサポートで安心できる ・フレックスタイムにより体調に合わせた仕事ができる ・N 君がよく懐いている	・N 君を安心させている ・同じ研究所のご友人が頼りにしている ・そのほかのご友人も会うのを楽しみにしている（飲み会の誘いが多いことから）
強み③ ねがいごと	強み④ 不器用な対処
・N 君が保育園に慣れるよう援助したい ・N 君と毎日穏やかに接したい	・N 君の食事が進まない時にテーブルを叩いて食べさせようとする

M さんは "隠れた強み" がまとめられた表を隅々まで読みました。

M さん　：ありがとうございます。今日ここに来るまでは私はどんどん自分が
　　　　　ダメになっているような気がしていたのですが、こうして "隠れた強
　　　　　み" に気づかせていただけると、まだポジティブな自分がちゃんとい
　　　　　るのだなと思えます。……ですが……N 君がなかなか食べてくれな
　　　　　い時に私がテーブルを叩いてしまうことは "隠れた強み" なのですか?
I 医師　：そうなんです、その行動は M さんが N 君がお腹を空かせたまま保
　　　　　育園に行くことをなんとしても避けようとして出ている行動ですか
　　　　　ら、それを実現するためにより良い方法を考える土台にできるので
　　　　　す。また明日の朝ご飯で同じような状況になった時にどんな方法が
　　　　　とれそうか、一緒に考えていきましょう
M さん　：ありがとうございます。そう言っていただけると本当にうれしいで
　　　　　す
I 医師　：今の問題は、朝ご飯を食べる場面が M さんと N 君にとって "良い影響"
　　　　　を感じにくくなっているということなんです。N 君はこだわりもあ

るようなので、偏食傾向があってもおかしくないのですが、原因は
どうもそれだけではないかもしれません。N君は一口も食べないの
ですか？

Mさん　：いえいえ、少しずつなら食べます。ただ、途中で食べるのをやめて
しまうのです

I医師　：それでは、N君がほんの少しだけでも食べた瞬間を狙い、N君が何
らかの"良い影響"を感じることができるような活動をペアにしては
どうですか？

Mさん　：良い影響ですか……これまでは少しだけ食べた時に、さらに急かす
ようなことを言ってきたので……

その時、プラレールで遊んでいたN君が新幹線を駅に近づけて、新幹線が到
着した時のアナウンスをつぶやきました。

Mさん　：食べ物を、新幹線に見立てて声をかけるとか……

I医師　：いいですね。そのような活動はN君をより活発にするでしょうね。
N君がスプーンを持ったり、食べ物を嚙んだりする行動をナレーショ
ンするのも似たような効果があるでしょうね

Mさん　：それ、うちの母がN君にご飯を食べさせる時によくやっています。「N
君、スプーンでご飯をすくったね～」とか言って。どうりで母が食
べさせる時はいくらかN君の反応がいいわけですね

I医師　：そうですね、すでにお母様はN君の"隠れた強み"を活かした関わ
りをなさっているようですね

Mさん　：はい。あとはとにかく時間の余裕のなさが問題です。これは朝のお
出かけだけでなく、仕事でも常に追い立てられているような感じが
して……とにかく気持ちにゆとりがないんですよね

I医師　：Mさんが"隠れた強み"をたくさんもつ素敵な人であったとしても、
その方の生活の邪魔をするものがあると、なかなか気持ちにゆとり
をもてなくなります。先ほどまとめた困難さの背景に、どのような
症状や特性、または環境因子があるのか、まとめてみました

I医師はまた新しい表を印刷してMさんに見せました。

	困難さ	症状・特性・環境因子
家庭・子育て	・N君のこだわりが満たされないことに伴うかんしゃく ・N君が朝ご飯を食べてくれないとひどくイライラしてしまう ・家の中を片づけることが難しい	・N君が規則性の高い行動を好む ・Mさんが焦燥感を感じやすく、否定的な思考に悩まされやすいこころの状態にある可能性 ・Mさんに物理的な環境を整理することの苦手さがある可能性
仕事	・朝遅刻することが増えている ・能率が落ちていて時間内に仕事を終えられない ・直属の上司に時間のルーズさを注意されがち	・Mさんに時間感覚のとらえにくさがある可能性 ・Mさんに集中困難、疲労感、意欲低下がある可能性 ・注意・介入的な発言の多い上司の存在
対人関係	・メールでの誘いを放置してしまう ・自分の境遇の変化を説明しにくいと感じる	・Mさんに活動性を高めて新しい行動を開始することの困難さがある可能性 ・Mさん自身の状況について否定的な思考が出現しやすい可能性 ・育児に仕事に多忙なため、単純に時間のゆとりがないこと

I医師 ：困った状況というものは、誰か1人の責任で作り上げられるものではありません。患者さんの症状や特性の存在も大きいですが、さまざまな環境因子とも絡み合った集合体として見立てていく必要があります。Mさんには現在何らかの医学的疾患がある可能性は否定で

きませんが、それはこの目の前の困難さを構成する要因のごく一部
に過ぎないのです

Mさん：なるほど、今の上司がとても細かいことまで注意する方でなければ、
私もここまで朝の時間に焦る必要もないのかもしれませんし……朝
の混乱もワンオペでなければ、ここまでにはならないかもしれませ
んし……まあ、私自身もう少し時間の管理に気をつけなきゃいけな
いのはわかっているのですが……

Mさんはやや恥ずかしそうに振り返って言いました。

I医師 ：ここに、Mさん自身の症状や特性と、医学的に可能性のある診断に
ついてまとめてみました。診断はこれからもう少し時間をかけて検
査も行い、絞り込んでいきます

I医師はまた新たに別の表をMさんに見せました。

	症状・特性・環境因子	可能性のある診断
最近みられて いる症状	・疲労感、意欲低下 ・焦燥感、否定的な思考	・軽度の抑うつ状態 ・うつ病 ・不眠症、睡眠時無呼吸 　症候群 ・さまざまな身体疾患
小児期から存 在していた可 能性のある特 性	・時間感覚の問題 ・不注意 ・物理的な環境を整理す 　ることの苦手さ ・活動性の問題から新し 　い行動を始めにくい	・注意欠如・多動症 ・睡眠時無呼吸症候群

I医師 ：右の列に示されている可能性のある診断をしっかり見極めるために、
これからいくつかの検査も受けていただくのですが、現時点ではM

130

さんが子どもの頃、おそらく、12歳以前からもっている特性がいく
つかあり、環境の変化や子育てにおける負担の変化が生じたのをきっ
かけに軽度の抑うつ状態をきたした可能性が高いと思っています

Mさん：この表に書かれた症状や特性はどれも実感を伴うものです。小学生
の頃から勉強はできていましたが、時間に追われるような落ち着き
のなさや集中力を維持することの難しさはずっと抱えてきた気がし
ます

I医師：軽度の抑うつ状態に対する治療では、薬物療法は必ずしも必要とは
限りません。むしろ生活・子育て上の懸念についての相談をさせて
いただきながら、Mさんの負担軽減を実現できるような提案ができ
るよう努力したいと思います。あと、日中の眠気がありますので睡
眠時無呼吸症候群の鑑別を行うための検査、さらに身体疾患のスク
リーニングのための血液検査をお願いしたいと思います

Mさん：わかりました。いろいろと丁寧にご説明くださりありがとうござい
ます

　MさんはI医師に礼を言うと、N君を連れて診察室の外に出ました。採血を
行い、睡眠の検査機器の説明を受け、待合室で会計を待つ間、Mさんはどこと
なくモヤモヤしていたものがストンと落ちたような気分がしていました。
　「デフォルトの自分、か……」
　Mさんはそうつぶやいてから会計を済ませ、自転車にN君を乗せ、いつもの
踏切でN君が電車が行き交うのを見てうれしそうにしているのを、普段よりも
ややのんびり構えて見ていました。

6-4 | 第2回診察

　2回目の診察の日、N君は泣かずにクリニックに入室することができました。
待合室や診察室にもプラレールがあることをわかっていたのかもしれません。診
察ではI医師が採血や睡眠の検査では異常がなかったことを説明しました。

I医師：その後、朝の食事はいかがですか？
Mさん：食事の動作を新幹線の動きに見立ててナレーションをしてみました。
これはこれでN君を楽しい気分にさせることには成功しましたが、

やはり多少なりとも飽きてきますね……そこで……

I 医師　：そこで？

Ｍさん　：本当は良い方法なのかどうかわからなかったのですが……Ｎ君が一口食べるごとに、彼の好きなポテトチップスを細かくしたものを合間合間に食べさせてみたんです。ええ、新幹線のナレーションと一緒に。そしたら、思いのほか食事が進むようになりまして……

I 医師　：おお、それはご自身で編み出された解決法がうまく機能したようですね。時にはお菓子を使って退屈になりがちな食事にアクセントを加えるのもいいではありませんか。新幹線のナレーションなどを併用しているので、ダブルでＮ君を楽しい気分にさせるという"良い影響"がみられましたね。Ｎ君自身への"隠れた強み"をうまく引き出すことができてよかったと思いますよ。スムーズに食べてくれた時のＭさんの感想はいかがでしたか？

Ｍさん　：それはもう、しめたものというか……いやあ、穏やかに楽しく食べさせるっていいもんですね

I 医師　：Ｍさん自身もこのことが少し良い方向に解決できて、**強み① 本人への良い影響**を感じられましたね。親と子双方の"隠れた強み"を引き出すことができた手法は良い方法に決まっています。しばらくこのやり方を続けていきましょう。通勤やお仕事のご負担はいかがですか？

Ｍさん　：上司にはクリニックに通いはじめて、メンタルヘルスの専門家の助言をいただいていることを伝えました。フレックスタイムを十二分に活用して負担軽減を図ることと、土日の研究者同士の打ち合わせへの参加も減らすように相談しているところです

I 医師　：研究職の方々の休日の学会や会議、打ち合わせはかなりの負担になりますよね。本当に大変なお仕事だと思います。僭越ながら、相当の熱意がないと難しいお仕事かと思うのですが……

Ｍさん　：私の下に数名のポスドク（博士研究員）がいまして……若い研究者がキャリアを切り開けるように、できる限りのことをしたいと思うんです。若い研究者たちから相談を受けているうちに帰りが遅くなることもあるので、気をつけないといけないんですが……

I 医師　：若い研究者たちが巣立っていけるように支えたい、ということですね。これはＭさんのデフォルトの自分がもっている**強み③ ねがいごと**に相当しますね。この願望がモチベーションとなって研究を進め、若

手を指導されている。とても価値のあるお仕事のように思います

Mさん：ありがとうございます。それも"隠れた強み"なんですね……ただ、その願いがあるがゆえに、つい仕事がオーバーワークになってしまうんですよね

I医師：それには注意が必要です。オーバーワークが続くとどういうことが起きますか？

Mさん：疲労が溜まり、朝起きられなくなり、いやなことを考えるようになります

I医師：そうなんです。Mさんの健康が損なわれるリスクがあるんです。でも、Mさんは最近ほかにも願望があることに気づかれたのでは？

Mさん：イライラせずに……穏やかに子育てしたいですね……

I医師：まさにそれがもう一つの**強み③ ねがいごと**ですよね。デフォルトの自分の願望はどれも"隠れた強み"としてご自身を支えてくれるものばかりなのですが、どれか一つの**強み③ ねがいごと**ばかりが強調されすぎると、どこかに無理がかかることがあります。かけがえのない健康やご家族を守るための**強み③ ねがいごと**の存在にもご自身の言葉でしっかりと意識を向けていかれるといいと思いますよ

Mさん：穏やかに子育てしたい……こころも身体も健康じゃないとできないですもんね。職場のラボのホワイトボードにマーカーで書いておくといいですかね

I医師：とてもいいアイデアです。職場ではとくに、健康や家族を守るための**強み③ ねがいごと**を忘れないように強調しておくのがいいですね

6-5 | 第3回診察

　3回目の診察では、Mさんは表情に覇気がなく、N君はプラレールで遊ぶよりも父親の近くを離れようとしませんでした。「N君、プラレールで遊んでおいで」とMさんに促されても、N君はむしろ父親の身体に巻きつくようにして離れません。

I医師：N君、こんにちは。今日はパパの近くがいいみたいだね

Mさん：……この2週間は調子悪くて……電車に乗ると気持ち悪くなっちゃうんです。職場に行けずに家で寝ていることが多くて……この子を

保育園に送れない日もあって……今週はN君を実家で面倒見ても
らっていたんです

Ｉ医師　：そうでしたか。Ｍさん、無理をしないのが一番ですから、ご実家の
　　　　　助けを借りてN君を預けたのは良い判断だと思いますよ

　Ｉ医師は穏やかにそう伝えると、ＭさんにしがみつくようにしているN君に
向かって話しはじめました。

Ｉ医師　：Nく〜ん。パパと、い〜っしょだね。ぴた〜って、くっついてるねえ

　N君はＭさんの胸にうずめていた顔をほんの少し横に向け、Ｉ医師の話すこ
とをじっと聞いているようでした。

Ｉ医師　：パパと、くっつく……好き？

　N君はＩ医師のほうは見ずに、横を向いたまま、ほんの少しだけうなずきました。

Ｍさん　：そうだよね、そうだよね。パパと、くっつく……好きだよね

　Ｉ医師は言葉を一つひとつ確かめるようにN君に伝えていきます。

Ｉ医師　：パパの手、おっきいなあ……あったかいなあ……

　Ｉ医師はＭさんがN君の背中を手のひらで優しくトントン叩くリズムに合わ
せて話していきました。しばらくそのようにゆっくりとした時間を過ごしている
と、N君は突然Ｍさんから離れ、プラレールの置いてあるプレイエリアに向かっ
てお気に入りの新幹線を手に取り遊びはじめました。

Ｍさん　：あら……

　急にN君が離れていったので、Ｍさんはやや拍子抜けしたようでした。

Ｉ医師　：Ｍさん、すごいですね。さっきまであんなに不安そうだったN君
　　　　　が安心して、プラレールを探索しに行きましたね。この安心感こ

　　　　そ、MさんからN君への**強み② 周囲への良い影響**かもしれませんね。
　　　　Mさんの調子が悪くても、仕事に行けなくても、ただ一緒にいるだ
　　　　けでN君は安心できるんですね。これを"良い影響"と呼ばずにな
　　　　んと呼びましょう
Mさん：……すみません……今週はつらくてつらくて……自分が父親として
　　　　何もできていないという考えが繰り返し頭の中でぐるぐる回ってい
　　　　たので……この2週間は前回のうつ病の時に感じていたような死に
　　　　たい気持ちにとらわれていました

Mさんは涙ぐみながら言いました。

Mさん：でも、先生にそのように自分の"隠れた強み"に気づかせてもらえて
　　　　よかったです。とにかく、今ストンと落ちました。自分はとにかく
　　　　N君と一緒にいればいいんですね
Ｉ医師：ぜひMさんがN君にいろんな**強み② 周囲への良い影響**を与えてい
　　　　ることに気づいてください。もし気づいたら、そのことをN君に言
　　　　葉にして教えてあげてください。私が先ほど「パパの手、おっきい
　　　　なあ、あったかいなあ」と言葉にしていたように。"隠れた強み"を
　　　　言葉にすると、それが明確になり、MさんとN君の結びつきがさら
　　　　に強くなるでしょう
Mさん：ありがとうございます。この子が、私がいることで安心してくれる
　　　　というのなら、なんだかホッとします
Ｉ医師：それにしても、本当にこの2週間は調子が悪くて大変でしたね。身
　　　　体を動かしにくくて、否定的な言葉が思い浮かんで、電車の中での
　　　　不安感が高まって出勤がままならないとなると、薬物療法によるお
　　　　手当も検討していきましょうか？
Mさん：ここに来たばかりの時はなるべく薬物療法に頼らずに治療していこ
　　　　うと思っていたんですが……以前も○○という抗うつ薬を飲んで比
　　　　較的速やかに回復しましたし……でもなあ……う〜ん。どうしよう
　　　　かな……
Ｉ医師：いろんな**強み③ ねがいごと**が乱立すると迷いますよね……どれも大
　　　　切な願望であることには変わりないのですが。では、この表を用い
　　　　てMさんの**強み③ ねがいごと**を書き出して並べてみましょう。それ
　　　　ぞれの願望の優先順位もつけてみてください

強み③ ねがいごとの内容	強み③ ねがいごとの優先順位
・薬物療法に頼らず回復したい	2位
・穏やかな気持ちで子育てしたい	1位
・早く出勤できるようになりたい	3位

Mさん：もちろん早く仕事には復帰したいのですが……上司にも話して、少しまとまった期間を休んでもよいと思っています。ですから「早く出勤できるようになりたい」は3位。先日も話題になった「穏やかな気持ちで子育てしたい」はクリニックを受診するうえで最も重要な理由ですし……これ以上の優先課題はないと思いますので、これを1位に。そうすると、残った「薬物療法に頼らず回復したい」は2位ですね

I医師：では、この優先順位を踏まえると、今日薬物療法を開始するかどうかの判断はどうしましょうか？

Mさん：今日は、処方箋はなしでお願いします。「早く出勤できるようになりたい」を優先順位の上位に挙げるならば薬物療法の開始に踏み切ろうかとも思ったのですが、こうしてあらためて**強み③ ねがいごと**を並べてみると、案外優先順位は低いのだとわかりました。とりあえず回復をあわてることなく、のんびり休んでみます

I医師：そういうことでしたら、Mさんの決断を支持します。もし、次回の受診までに、死にたい気持ちやひどく焦るような感覚が強くなるようでしたら、すぐにお電話ください。受診を速めていただくことができますので

Mさん：わかりました。心強いです

6-6 | 第4回診察

　診察室に入ってきたMさんは髪をスッキリと短く切りそろえ、いくぶんスッキリとした表情でした。N君はMさんと手をつないで入室すると、すぐにプラレールのあるプレイエリアのマットにちょこんと座って機嫌よくプラレールを走らせています。

I医師　：さて、その後の調子はいかがでしたか？

Mさん　：先週からN君を私の住んでいるアパートに戻して一緒に過ごしています。食事とか家事は私の母親にだいぶ助けてもらったので、私はとにかくN君と遊ぶ……というか、私がのんびりしているところにN君が時々くっつきにきて、また離れて子どものペースで一人で遊ぶ……の繰り返しといったところでしょうか

I医師　：少しずつ生活パターンが日常のパターンを取り戻しつつありますね。否定的な考えや、死にたくなるような感じはどうですか？

Mさん　：だいぶいいです。いやあ、前回ここに来た時の調子は何しろ最悪でしたから。あれに比べたら、今はだいぶこころが穏やかです

I医師　：それはよかったです

「バシャン！」
その時、N君がお気に入りの新幹線を壁にぶつけました。

Mさん　：こ、こら！　N君！　ダメでしょう！

突然のことにあわてたMさんはN君のほうにさっと近づき、大きな声で叱りました。N君はMさんのほうを見て笑い、また何事もなかったように遊び続けます。

Mさん　：すみません……先生

I医師　：気になさらないでください。誰かがケガするわけでなければ大丈夫ですよ

Mさん　：はい……

I医師　：ところで、外出される機会はありましたか？　前回は電車に乗ることも難しそうでしたが

Mさん　：N君と駅の近くのデパートに行って、デパートの中にある小さなゲームセンターの新幹線の乗り物に乗せてきました。まあ何度乗せてももっと乗りたいというので……

「バシャン！」
N君が再び新幹線のプラレールを診察室の壁に向かって投げました。

Ｍさん：こ、こらっ……またやった……

Ｍさんは表情をこわばらせてＮ君のほうに近づこうとしました。

Ｉ医師 ：Ｍさん、少し待ってください
Ｍさん：え？　は、はい……

Ｉ医師は手を伸ばしてＭさんがＮ君のほうに近づいていくのを止めました。

Ｉ医師 ：Ｎ君のこの行動、案外**強み④　不器用な対処**かもしれませんよ
Ｍさん：不器用な対処……ですか？

Ｍさんは戸惑いを隠しきれない様子でしたが、Ｉ医師の制止に従って席に戻りました。

Ｉ医師 ：最近のＮ君のおうちでの様子で、変わったことはありませんでしたか？　どんなに些細なことでも
Ｍさん：最近の様子……別に……どうでしょう。あっ……昨日のことですが、食事をとる時に持っていたスプーンを突然放り投げてしまうことがありました。それを私が叱ると、この子、笑うんですよ、ケタケタと。うれしそうに笑うんです
Ｉ医師 ：なるほど。やはり**強み④　不器用な対処**の可能性がありますね。**強み④　不器用な対処**に分類される行動は、その形式自体は不適切であまり好ましくないのですが、その行動をとることによってちょっとした困った状況に対処するという働きをもっていることがあるんです
Ｍさん：困った状況……これ以上食べたくないからスプーンを投げたとか……いや、違うなあ……
Ｉ医師 ：Ｎ君がスプーンを投げた時、Ｍさんはどこにいたのですか？
Ｍさん：この子が珍しく自分で積極的にご飯を食べていたんです。だから、この隙にちょっと溜まっていた洗い物をしようと思って、台所の流し台のほうに行ったので……Ｎ君に背を向けるような恰好になっていましたね
Ｉ医師 ：背を向けていたＭさんは、Ｎ君がスプーンを投げるとどうされたの

ですか？

Mさん ：すぐにスプーンを拾って、この子のところに行って……大きな声で
　　　　叱ったんです……そしたらこの子は笑って……あ……

Ｉ医師 ：投げる、Mさんが近づく、笑う、の流れですね

Mさん ：近づいてほしいのか……

「バシャン！」

　N君は再び新幹線のおもちゃを壁に投げました。MさんはＩ医師のほうを見
ると、Ｉ医師は軽く首を左右に振りました。"近づかない"の合図でしょう。M
さんは心配になりながらも席を立たないようにしました。N君はプラレールの
青いレールをちぎっては投げ、ちぎっては投げはじめました。Mさんはそれで
も席を立ちません。

　N君　 ：パーパ

　N君はMさんのほうを見て呼びかけました。Mさんは右手を振って応えま
した。

　Mさん：はーい、N君

　Mさんはそう言うと、そっとN君のほうに近づきました。Ｉ医師もこれは制
止しません。

　N君　 ：カンカン、カンカンがいいの

　Mさん：カンカン、踏み切りはこれだね

　Mさんは青いレールに踏み切りの部品を取りつけ、散らばった青いレールを
元に戻してきれいな円形につなげました。N君は再び新幹線を拾い、遊びはじ
めました。Mさんはしばらくその遊びを見てから席に戻りました。

　Ｉ医師 　：素晴らしいです。これでN君はMさんを声に出して呼ぶことで「パ
　　　　　　パに近づいてほしいのに、来てくれない」という問題に対処しま
　　　　　　したね

　Mさん 　：これでよかったんでしょうか？

Mさんはやや心配そうに聞きました。

I 医師 ： **強み④ 不器用な対処**については、対処しようとしてとった行動には改善すべき点があるけれど、その背景にある**強み③ ねがいごと**は妥当であると考えてください。Mさんに近寄ってきてほしいという願望はまったく悪くないけれども、その方法・行動の形式に問題があるんです。今日は、N君はMさんに近寄ってほしくなった時は、物を投げるよりも声に出してMさんを呼ぶほうがはるかに効率よく実現するということを勉強できたのではないでしょうか

Mさん ： それならよかったです。ありがとうございます

I 医師 ： お父様であるMさんと2週間前後離れて生活するというのは、N君にとってそれなりに強い環境の変化だったでしょうから、元の生活に戻った時にこうしたタイプの行動が増えることは、ほかのお子さんのケースでもよく経験します。先ほどのような対応を続けて、N君にはベターな方法でMさんを呼んでもらうことに慣れることができるといいですね。まだ時々同じような行動が再発するかもしれませんが、あわてず自信をもって対応してみてください。先ほどとまったく同じ対応で大丈夫ですから

Mさん ： ありがとうございます。ご相談なんですが、N君についてのさまざまな関わり方のコツを先生に教えていただきたいので、N君のぶんもカルテを作って先生に定期的に診察していただき、行動の問題に対する助言を行っていただけるとうれしいです

I 医師 ： もちろんです。喜んでお引き受けします。次回からは父子2人分のカルテを用いてMさんとN君についての相談を続けていければと思います

　Mさんは N君に、「本物のカンカンを見に行こうね、プラレールはおしまい」と伝えると、N君は思いのほかスムーズにプラレールを片づけはじめました。Mさんはクリニックのお会計を済ませると、近くの踏切近くに自転車を止め、N君を肩車して電車が行き交うのをいつまでも見ていました。

第7章

"隠れた強み"を
見つけるための
紙上ワークショップ

StrengthTalk

　ストレングス・トークの概念はとてもシンプルなものです。しかし、既存の「強み」概念が子どもの能力や長所を指すのに対して、ストレングス・トークで探そうとしている "隠れた強み" は能力探しにはこだわらず、子どもと環境または子どもと未来をつなぐためのポジティブな手がかりに着目します。私たちは強みを能力と定義する一般的な考え方にあまりにも長く親しんできたため、ストレングス・トークという新しい概念を用いて子ども支援や子育てに活かそうとする方は、何をもって子どもの "良さ" とするのかについて新たな視点をもつ練習が必要になると思います。

　この章では私が普段ストレングス・トークのワークショップで取り組んでいるコンテンツの一部を紹介し、読者の皆さんが隠れた強みを見つけるためのスキルを身につけてもらえるよう考えてみました。本来は私の主宰するストレングス・トーク研究会で認定されたファシリテーターがワークショップを行い、それに参加していただくのが一番なのですが、本書ではひとまず「紙上ワークショップ」として読者の皆さんに擬似体験してもらおうと思います。

7-1 ｜ アイスブレーキング

　ストレングス・トークのワークショップは 20 人前後で開催されることが多いです。参加者はなるべく同じ所属の人同士が重ならないように、5〜6 名程度のグループに分けられます。ファシリテーターは、グループのメンバーに自己紹介を促しますが、所属や職種などはあえて紹介せずに、お名前と「子どもの頃なりたかったもの」についてのみ話すよう指示します。自己紹介があまりに長くなってもいけませんが、ここで少々「子どもの頃なりたかったもの」について参加者に語ってもらうのもよいでしょう。

　アイスブレーキングは、単なるアイスブレーキングではありません。すでに隠れた強み探しは始まっています。「子どもの頃なりたかったもの」こそ、参加者にとっての**強み③ ねがいごと**の歴史そのものということになるでしょう。自己紹介の時に職種や所属の情報について話さないのは、自分自身への "期待のスポットライト" を最小限に抑えることを目的としています。職種の鎧を脱ぎ、組織の一部としての自分の属性をいったん横に置くことで自身の発言にも緩やかな自由度の広がりを期待しています。また、これはワークショップが開催されている地元のコミュニティにおける利害関係や職種間の微妙にスッキリしない関係性から自由な場を作ろうという試みでもあります。

　自己紹介がひと回りしたところで、ファシリテーターは参加者たちにグループ内でジャンケンをさせ、最後まで勝ち残った人にグループリーダーを依頼します。次に、参加者たちにはグループにチーム名を考案してもらうようにします。もし万が一チーム名が決まらない時は、リーダーの独断でチーム名を決めてもらうようにします。ここまでくると、初めて出会ったばかりの参加者同士の凝集性が高まり、さまざまなグループワークを実施するために必要な参加者同士の相互作用が生まれやすくなります。

　ファシリテーターはホワイトボードにグループの数だけ丸を描き、その中にそれぞれのチーム名を書き出していきます。この時、ファシリテーターはチーム名が決まった経緯や由来について質問します。ちょっとしたささいなことがきっかけでそのチーム名が生まれたことに深く感心している姿を見てもらうようにして、参加者が考えた内容がファシリテーターという環境に**強み② 周囲への良い影響**を与えていることを感じてもらいます。

7-2 グループ対抗「自分の "隠れた強み" 発見ワーク」

　すべてのチーム名が決まったら、ストレングス・トークにおける4つの隠れた強みについてレクチャーを行います。内容は本書の「ストレングス・トークって何？」（→17頁参照）および「"隠れた強み" の見つけ方の基本」（→20頁参照）に書かれていることを伝えていきます。

　ファシリテーターは参加者に4つの隠れた強みの内容について一つずつ伝えるごとに、参加者にとっての隠れた強みを書き出してもらうシートを配布して、1分間で思いつく限りの隠れた強みを列挙してもらいます。ここでは、隠れた強みについて長い文章で詳しく書く必要はなく、「やっぱり朝はちゃんと味噌汁を作って飲むと、ホッとするなあ」という**強み① 本人への良い影響**が思いついたら、「朝の味噌汁」とキーワードだけ記載してもらい、できるだけたくさんの隠れた強みをリストアップできるようにします。

　1分間でいくつの隠れた強みを書き出すことができたか、参加者はその数を数えてグループリーダーに報告します。グループリーダーはグループ内の参加者全員の隠れた強みの数を合計し、参加人数で割ったものをファシリテーターに報告します。ファシリテーターはクイズ番組の司会者のような雰囲気で「さて、○○チームはいくつ書き出せましたか？　4.5個！　素晴らしいですね！」などとコメ

ントして各チームの努力をねぎらっていきます。この時にファシリテーターはグループが書き出せた隠れた強みの個数がほかのグループに比べて少なかったとしても、ほかのグループと同じように盛り上げていきます。最も多くの強みを書き出せたチームには、ファシリテーターから「優勝は、○○チームでした！ おめでとうございます！」と盛り上げてもらいます。これを隠れた強みの4つについてそれぞれ行います。「自分の"隠れた強み"発見ワーク」で参加者自身の隠れた強みを引き出す際の教示の例を下記に示します。

　最も多くの隠れた強みを列挙したグループには、ファシリテーターがその都度インタビューに行きます。グループの中でも最も多くの隠れた強みを書き出した参加者を訪ね、「書き出している時は、どんな感じでしたか？ よろしければ感想をお聞かせください」などと聞いて隠れた強みを列挙している最中の参加者の感情や思考を描写してもらいます。多くの場合、ここでポジティブな感想を話す方が多いです。「うまく書けるかな……」などと戸惑いながら書いたという参加

"隠れた強み"	教示の例
①本人への良い影響	これまでに、ご自身に良い影響があったと思われる出来事を列挙してください。ちょっとした小さな出来事で構いません。（例：味噌汁を飲むとホッとする）
②周囲への良い影響	これまでに、周囲の人・環境に良い影響を与えたと思われる出来事を列挙してください。（例：洗濯物を洗濯が終わってすぐに干したら、いやな臭いがしなかった）
③ねがいごと	近い将来、実現したいことは何ですか？ 「私は○○したい」という文になるよう列挙してください。（例：私はもう少し早起きできるようになりたい）
④不器用な対処	最近の「ちょっとした困りごと」を思い出してください。その時どんな対処をしたか列挙してください。その対処が成功していなくても大丈夫です。（例：息子がにんじんを食べない→すりおろしてハンバーグに入れてみた）

者も少なくありません。そうした場合は「1 分間経って、書き終えた瞬間はどうでしたか?」などと聞き、ワークを達成した瞬間の感情や思考を聞くのもよいと思います。このワークは参加者が自分自身の隠れた強みに気づき、隠れた強みに注目できた時の何らかの**強み①　本人への良い影響**を実感してもらうことが目標になります。

7-3 | グループ内ワーク① 「隣の人の“隠れた強み”発見ワーク」

　参加者が自分自身の隠れた強みを見つけることに慣れてきたら、次は同じグループ内でほかの参加者たちの隠れた強みを探すワークに入ります。そのために、まず参加者には「子どもの頃なりたかったもの」というテーマで 200 文字程度の短い作文を書いてもらいます。以下に私が書いた作文を載せています。

　　私はバスの運転手になりたかったです。当時の私は、祖母とバスに乗るといつも運転席の見える場所に陣取りました。運転手が大きなハンドルを回して大きな車両をコントロールしている姿をじーっと食い入るように見るのが常でした。また、私はバスの運賃箱に近づき、乗客が次々とお金を入れてはそのお金がベルトコンベアのように運賃箱の中に吸い込まれるのを見て、よく笑っていたようです。祖母が「この子は本当にバスが好きなんやわ」とつぶやいていたのを覚えています。

　およそ 8 ～ 10 分あれば 200 文字程度の作文を仕上げられると思いますし、少しくらい字数が足りなくても、あとで口頭で発表する時に補えば大丈夫です。次に、参加者は自分の書いた作文をほかのメンバーに聞いてもらうために読み上げ、ほかのメンバーはそれを聞いて発見した隠れた強みについて読み上げた参加者にコメントしていきます。作文に書ききれなかった情報についての質問もして構いません。ワークショップの時間のゆとりや参加人数にもよりますが、一人読み上げから隠れた強み探しまで 8 ～ 10 分程度で次の参加者に交代しています。

　読み上げた参加者は、ほかの参加者が見つけてくれた隠れた強みを、次頁のように書き込んでいきます。該当する隠れた強みが発見されなければ「該当なし」

として構いません。ファシリテーターはここで各グループの活動の様子を見て回り、参加者が見つけた隠れた強みの分類に困っているようなら、参加者に助言をしていきます。参加者が一通りこの活動を終えたところで、ファシリテーターは各グループの参加者に自身の隠れた強みを見つけてもらう中でどのような感想をもったか聞いていくとよいと思います。

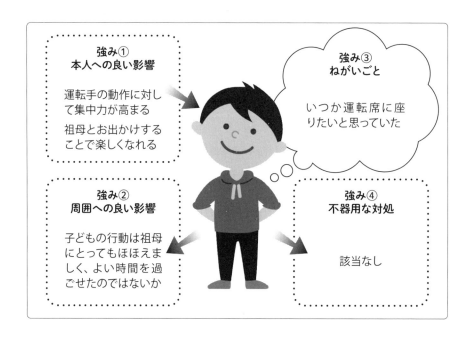

　一人の参加者の作文から4種類の隠れた強みがすべて発見できなくても構いません。とくに**強み④　不器用な対処**は作文の中に子ども時代の問題行動がまったく扱われていなければ見つけることはできないと思います。このワークは参加者の子ども時代のエピソードを素材にして他者の隠れた強みを分類する練習を行うことが目的ですので、作文の中に4種類の隠れた強みが隠されていないか探索するだけで十分です。

7-4 グループ内ワーク② 「仮想ケースを用いた"隠れた強み"発見ワーク」

　次に、少々行動の問題を呈している子どもの仮想ケースを提示して、そのケースがどんな隠れた強みをもっているか、グループ全員でディスカッションします。下記にこの時に提示する仮想ケースの例を示します。

■○君　5歳　男子（仮想ケース）

> 　○君は、発表会の練習で失敗ばかりしています。ある時はハーモニカを忘れ、みんながハーモニカを吹く時にも、なんと両手でハーモニカを持つふりをしてやり過ごしていました。さらに、○君はもう少しで練習が終わるというところで、ステージ上でおもらしをしてしまいます。周りの子どもたちは「うわあ、○君がおしっこしてる！」と騒いでしまい、○君はただ下を向くしかありませんでした。
>
> 　またある時、○君は自分のお気に入りの漫画や幼児雑誌のページをちぎってビラ状にしたものを近所のお宅のポストに入れて回るという行動を始めました。母親は○君がいなくなると近所を探し回り、見つけては注意するのですが、○君はこの行動を止めようとしませんでした。

　このように、短い文章で子どものちょっとしたエピソードを参加者に示し、子どもの隠れた強みを探してもらいます。この段階では、これまで学んできたことを思い出せばいくつかの隠れた強みをリストアップすることができそうな内容の仮想ケースを出しています。もちろん、これが正解！　という隠れた強みはないのですが、日頃のワークショップで多くのグループが回答する典型的な隠れた強みの例を次頁に示します（繰り返しますが、これが唯一の正解というものではありません）。

　このワークあたりから隠れた強みを見つけるための考え方の工夫が必要になってきます。大人としての"期待のスポットライト"を止め、問題となる行動にも一定のポジティブな意味を見出し、なかなか子どもが語らない願いを参加者の想像力をフル回転させて探していくという作業になるでしょう。

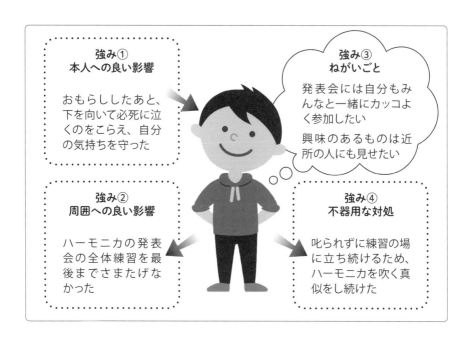

7-5 | 宿題ワーク 「実例ケースの"隠れた強み"を ストレングス・ノートに記録する」

　これで、ワークショップとしてのコンテンツはほぼ完了です。ここから先は、参加者にワークショップで学んだことを活かして実際に目の前で支援している子どもの隠れた強みを見つけ、ストレングス・ノートに記録してもらうという宿題を出すことがあります。ストレングス・ノートの例を次頁に示します。

　隠れた強みを探す手がかりは、いつも子どもの行動です。子どもたちの何気ない行動（当たり前の行動）からは**強み① 本人への良い影響**や**強み② 周囲への良い影響**が見つけやすく、大人からみてやや困った行動からは**強み③ ねがいごと**や**強み④ 不器用な対処**を探すようにします。また、次頁のストレングス・ノートのＱさんのように、一つの行動から２つ以上の隠れた強みを見つけることが可能です。

実際の出来事	〝隠れた強み〟
P君が担任に黙って教室から飛び出した	・教室ではクラスメートにどう思われているか心配になる。不安になった時にそれ以上つらくならないために教室を出るしかなかった（強み④ 不器用な対処）
Qさんが漢字テストの最中にわからない漢字を見つけ、足をバタバタ鳴らしている	・たくさん漢字の練習をしてきたから、どうしても100点を取りたい（強み③ ねがいごと） ・なかなか書けない悔しい気持ちを収めたくて、足を鳴らして大きな音を立ててしまう（強み④ 不器用な対処）

　ストレングス・トークのワークショップのコンテンツが、隠れた強みを見つけるための3ステップ（→20頁参照）に対応したものになっており、このワークショップの参加者が子どもたちの隠れた強みを見つけられるようになっています。3ステップとコンテンツの対応表を次頁に示します。

　ストレングス・トークのワークショップはこの3ステップをスムーズに学習できるよう、楽しく学べるための工夫がされています。とくに「ステップ1：自分の〝隠れた強み〟に気づく」では、参加者の中にポジティブな感情が生まれやすくなるような雰囲気作りが大切です。そして、宿題のワークを日々繰り返すことで、実際のケースでも隠れた強みを見つけながら支援・子育てができるようになります。

"隠れた強み"を見つけるための 3ステップ	ワークショップのコンテンツ
ステップ1： 自分の"隠れた強み"に気づく	・グループ対抗 「自分の"隠れた強み"発見ワーク」
ステップ2： 周囲の人の"隠れた強み"に気づく	・グループ内ワーク① 「隣の人の"隠れた強み"発見ワーク」
ステップ3： 支援している当事者とその家族の"隠れた強み"に気づく	・グループ内ワーク② 「仮想ケースを用いた"隠れた強み"発見ワーク」 ・宿題ワーク 「実例ケースの"隠れた強み"をストレングス・ノートに記録する」

7-6　ケース検討「ストレングス・トークセッション」

　ストレングス・トークのワークショップの基本的なコンテンツとは別に、支援者が支援の中でとくに強い困難さを感じているケースについて同僚や仲間たちとケース検討を行うための枠組み「ストレングス・トークセッション」を紹介します。これは主に対人援助職向けに想定して作ったものですが、保護者同士で子どもについての相談をする場合に利用してもらうこともできると思います。

　ケース検討といっても、専門職同士が難しい顔をして資料とにらめっこするような形式のものではありません。若い支援者が権威のある指導者からのコメントをビクビクしながら聞くようなものでもありません。医師や心理士など、単一の職種のみが集まる会でもありません。もっとオープンに、フレンドリーに、参加者間に妙な上下関係を持ち込まないで自由に話し合いをしたいという私の**強み③ねがいごと**を実現するための枠組みを作りました。

　ストレングス・トークセッションのために準備するものは以下の通りです。

■ 準備するもの

・ホワイトボード（できれば2つ）
・マーカー
・参加者の座る場所

　あまりに準備するものが少なくて拍子抜けかもしれませんが、これだけでケース検討を行います。事前にケースの資料を作らないことが大切です。相談したいと思っている当該の子どもの支援者は手ぶらで参加します。ストレングス・トークセッションの進行を担うファシリテーターはケース検討の司会者のような役割を司ります。それ以外の参加者は数名〜10数名程度がよいでしょう。

■ 参加者の役割

・当事者である子どもを担当する支援者
・ファシリテーター　1名
・参加者　数名〜10数名

　ファシリテーターも参加者もその当事者のことを知っている方が含まれていてもよいのですが、直接支援に深く携わっている方が参加する場合は、参加者ではなく支援者側として参加してもらうのがよいでしょう。

ストレングス・トークセッション① 情報ラウンド

　ストレングス・トークセッションの第一段階は①情報ラウンドと言います。ケースについての情報を集めることが目的です。ファシリテーターが子ども担当の支援者からケースの基本的な情報（年齢、性別、主な問題）について聞き、情報をホワイトボードに書き取っていきます。そして、ファシリテーターが参加者一人ずつを指名し、検討ケースの子どもとその環境について支援者に質問してもらいます。支援者はその質問に答える形で情報を提供し、質問されたことにのみ答えていきます。この間、ファシリテーターはひたすら情報をホワイトボードに書き込んでいきます。

ストレングス・トークセッション② 強みラウンド

　ストレングス・トークセッションの第二段階である②強みラウンドでは、①情報ラウンドで集められた情報をもとに、検討ケースの子どもと環境の隠れた強みを４つのカテゴリーに分類しながらリストアップしていきます。参加者が隠れた強みのどのカテゴリーに入るのか確証がもてない場合は、ファシリテーターが支援していきます。①情報ラウンドではどうしてもケースの困難さに関連した情報が多く引き出されるため、やや重苦しい雰囲気になることもあるのですが、②強みラウンドで少しずつ明るい情報がリストアップされるたびに場の雰囲気が活気づいてくることが多いようです。

ストレングス・トークセッション③ 解決ラウンド

　ストレングス・トークセッションの最終段階は③解決ラウンドで、②強みラウンドで集めた隠れた強みのどれを活かして支援や配慮（医療の場合は治療も）を行っていくのかを考えていきます。参加者には、とくに支援したい隠れた強みを挙げてもらい、具体的にどのような働きかけや配慮ができそうかを話し合っていきます。ここでリストアップされた解決のための情報も、ファシリテーターはホワイトボードに書き残していきます。ここで注意してほしいのは、ストレングス・トークセッションでは、一つの解決法を選び出すことが目的ではありません。困難さを感じている担当支援者や保護者に、隠れた強みに根ざした解決のためのさまざまなアイデアを聞いて、ブレインストーミングしてもらうことこそ重要なのです。支援者側とたった一つの正しい解決を吟味するのでなく、ストレングス・トークセッションに参加される前に比べていくらかでもポジティブな発想が生まれてくれたら、目的を達成したと言えるでしょう。
　ここでストレングス・トークセッションの重要なルールを守ってもらいます。

■ ストレングス・トークセッションのルール

ルール①　参加者は一人につき同時に２つ以上の質問をしない
ルール②　解決ラウンド以外では、具体的な解決に向けての提案をしない
ルール③　自分の番が来るまで発言を控える

ルール④　質問することがない時は「パス」と言って発言権を次の人に
　　　　　譲る

　ストレングス・トークセッションでは、特定の参加者ばかりが発言力を強める
ことを避けようとします。声の小さい参加者にも同等の発言チャンスが回ってく
るように、こうしたルールを設けています。このような枠組みを作ることで、地
域でさまざまな立場や職種の方が集まり、安全に、気軽にケース検討ができたら
よいと考えています。

引用文献

[1] チャールズ・A・ラップ、リチャード・J・ゴスチャ (田中英樹監訳)(2014)『ストレングスモデル—リカバリー志向の精神保健福祉サービス(第3版)』金剛出版

[2] Ryan CS, Sherman PS, and Judd CM (1994) Accounting for case manager effects in the evaluation of mental health services. *Journal of Consulting and Clinical Psychology*, 62 (5), 965-974.

[3] Macias C, Kinney R, Farley OW et al. (1994) The role of case management within a community support system: partnership with psychosocial rehabilitation. *Community Mental Health Journal*, 30 (4), 323-339.

[4] Modrcin M, Rapp C, and Poetner J (1988) The evaluation of case management services with the chronically mentally ill. *Evaluation and Program Planning*, 11 (4), 307-314.

[5] Barry KL, Zeber JE, Blow FC et al. (2003) Effect of strengths model versus assertive community treatment model on participant outcomes and utilization: two-year follow-up. *Psychiatric Rehabilitation Journal*, 26 (3), 268-277.

[6] Da Paz NS and Wallander JL (2017) Interventions that target improvements in mental health for parents of children with autism spectrum disorders: a narrative review. *Clinical Psychology Review*, 51, 1-14.

[7] Feinberg E, Augustyn M, Fitzgerald E et al. (2014) Improving maternal mental health after a child's diagnosis of autism spectrum disorder: results from a randomized clinical trial. *JAMA Pediatrics*, 168 (1), 40-46.

[8] 文部科学省初等中等教育局児童生徒課 (2018)「平成 29 年度 児童生徒の問題行動・不登校等生徒指導上の諸課題に関する調査結果について」平成 30 年 10 月 25 日 (https://www.mext.go.jp/component/a_menu/education/detail/__icsFiles/afieldfile/2019/10/25/1412082-29.pdf)

[9] 傳田健三、賀古勇輝、佐々木幸哉他 (2004)「小・中学生の抑うつ状態に関する調査—Birleson 自己記入式抑うつ評価尺度(DSRS-C)を用いて」『児童青年精神医学とその近接領域』45 巻 5 号、424-436 頁

［10］　Kita Y and Inoue Y (2017) The Direct/Indirect Association of ADHD/ODD Symptoms with Self-Esteem, Self-perception, and Depression in Early Adolescents. *Front Psychiatry*, 8, 137. doi:10.3389/fpsyt.2017.00137.

［11］　高橋夏海、西野明樹 (2014)「問題を『外在化』して対処法を考えることの心理的効果に関する実証的研究―個人作業用ワークシートを用いた調査から」『ブリーフサイコセラピー研究』23 巻 1 号、12-24 頁

［12］　Artigas L and Jarero I (2009) The butterfly hug. In M. Luber (Ed.), *Eye movement desensitization and reprocessing (EMDR) scripted protocols: special populations.* pp.5-7, Springer Publishing Co.

［13］　加藤洋子 (2017)「重症心身障害のある超重症児 (者) と母親の生活の実態及び生活の質に関する調査研究」報告書、公益財団法人在宅医療助成勇美記念財団助成研究 2016 年度 (前期) 一般公募「在宅医療研究への助成」完了報告書、平成 29 年 8 月 31 日 (http://www. zaitakuiryo-yuumizaidan.com/data/file/data1_20171205070322.pdf)

おわりに

　本書を最後までお読みくださり、本当にありがとうございました。

　お気づきかもしれませんが、私は子どもたちのことをなるべく「性善説」でとらえようとしています。はじめから悪い子などいない、という考え方です。そもそも、良い子も悪い子もいません。「良い子」とされている子どもと、「悪い子」とされている子どもがいるだけなのです。「もともとの自分は、悪くない」という大前提を、すべての子どもたちが信じて生きることが実現したら、子どもたちの生きにくさはもっともっと減るのではないか、親たちにとっての育てにくさも減るのではないか、子どもと大人がもっと楽しく関われる時間が増えるのではないか──そんな思いから、徐々にストレングス・トークのコンテンツを組み立てていきました。

　さまざまな行動・情緒の問題を呈する子どもたちに対しては、罰を中心にした指導が行われることが少なくないかと思います。私は、罰を中心にした指導では、行動・情緒の問題を呈する子どもたちを成長させることは難しいと考えています。しかし、罰を中心にした指導のデメリットばかりを説いても意味がありません。子どもを支援する、子育てをするすべての大人たちに向けた新しい視点を提供できる支援コンテンツを作る必要がありました。これもストレングス・トークを生み出すための後押しになったと思います。

　また、発達障害の概念が一般の人々にも浸透する中で、人間の能力の異質さや偏りばかりが注目される風潮が強くならないかという漠然とした懸念ももっています。発達障害をもつ方のアセスメントで最も大切なのは、その方の「発達障害以外の部分」のアセスメントだと思っています。発達障害の早期診断をもとに必要な支援が届く仕組みは大切ですが、発達障害をもつ方々のポジティブな側面を過小評価してはなりません。発達支援の世界でこそ、隠れた強みを活かしてくださる方が増えてほしいと願っています。

　そして、私は本書を毎日毎日一所懸命に子どもを育てている親御さんたちお一人おひとりに捧げたいと思います。決して理想的に進むことのない子育てをしながら、多くの困難によって打ちひしがれそうになりながらも、それぞれのできる範囲で精一杯子育てをなさっている親御さんたちこそ、隠れた強みでいっぱいの存在です。

　かつて私がストレングス・トークのもとになるアイデアを着想したのは、重症児のケアにあたっている親御さんたちがとてもよく子どもたちの隠れた強みを見つけている姿に感銘を受けたことがきっかけでした。私はその後、発達障害・精神障害をもつ子どもを育てる親御さんたち向けに多くのワークショップを行い、その内容をその都度微修正しながら現在のストレングス・トークのコンテンツが完成しました。ストレングス・トークのワークショップでは、課題を進めるうちに実際に親御さんたちの雰囲気が明るくなるのを体験し、隠れた強みに着目することの大切に確信を強めたものです。私が接したすべての親御さんたちに、この場を借りて御礼を申し上げます。

　本書がこの本を読んでくださった皆さんの子育て・子ども支援への新しいアイデアと少しの活力をもたらしてくれるよう祈ります。最後に、本書の企画の段階からストレングス・トークについての単著を出版することを強く勧め、出版に向けて後押ししてくださった日本評論社の植松由記さんに謝意を表したいと思います。

2020 年 1 月 28 日
井上祐紀

井上祐紀 (いのうえ・ゆうき)

児童精神科医。精神保健指定医。医学博士。

現職：
東京慈恵会医科大学精神医学講座准教授。
国立精神・神経医療研究センター精神保健研究所知的障害研究部客員研究員。

平成 10 年　岐阜大学医学部卒、同年国立国際医療センター内科研修
平成 12 年　福島県立医科大学神経精神科診療医
平成 17 年　国立精神・神経センター精神保健研究所知的障害部流動研究員
平成 20 年　同診断研究室長
平成 23 年　島田療育センターはちおうじ診療科長
平成 26 年　十愛病院療育相談部長
平成 27 年　横浜市南部地域療育センター所長
平成 31 年 4 月より現職。

著書：
『ポップスで精神医学』（共著）、『子どもの問題行動を解決する 3 ステップ』（共訳、いずれも日本評論社）、『子どものこころ・発達を支える親子面接の 8 ステップ』（岩崎学術出版社）など。

StrengthTalk

ストレングス・トーク研究会
https://www.facebook.com/Strength.Talk.Kenkyukai/

ストレングス・トーク
行動の問題をもつ子どもを支え・育てる

2020 年 3 月 25 日　第 1 版第 1 刷発行

著　者　井上祐紀

発行所　株式会社 日本評論社

　　　　〠 170-8474　東京都豊島区南大塚 3-12-4
　　　　電話：03-3987-8621［販売］
　　　　　　　03-3987-8598［編集］
　　　　振替：00100-3-16

印刷所　精文堂印刷

製本所　井上製本所

装　幀　土屋 光（Perfect Vacuum）

検印省略　© 2020 Inoue, Y.
ISBN978-4-535-56389-6　Printed in Japan

JCOPY 〈(社) 出版者著作権管理機構 委託出版物〉
本書の無断複写は著作権法上での例外を除き禁じられています。複写される
場合は、そのつど事前に、(社) 出版者著作権管理機構（電話 03-5244-5088、
FAX 03-5244-5089、e-mail：info@jcopy.or.jp）の許諾を得てください。ま
た、本書を代行業者等の第三者に依頼してスキャニング等の行為によりデジタ
ル化することは、個人の家庭内の利用であっても、一切認められておりません。

ポップスで精神医学
——大衆音楽を"診る"ための18の断章

山登敬之、斎藤 環、松本俊彦、井上祐紀、
井原 裕、春日武彦=著

- ●本体価格 **1,800**円
- ●2015.12　●ISBN978-4-535-98435-6　●四六判280ページ

中森明菜から神聖かまってちゃんまで、6人の人気
精神科医が大衆音楽をモチーフに精神疾患やここ
ろ模様を縦横無尽に語り尽くす。

教師と親のための
子どもの問題行動を解決する
3ステップ

ロス・W・グリーン=著　井上祐紀、竹村 文=訳

- ●本体価格 **2,000**円
- ●2013.07　●ISBN978-4-535-56319-3　●A5判216ページ

ADHDや発達障害傾向をもつ攻撃性・反抗的な子
どもを、罰と報酬によらずに、学校で支援できる！
スクールカウンセラーも必携。

日本評論社
https://www.nippyo.co.jp